LUKA DONCIC

Ha nacido un jugón

JAVIER ORTIZ

LUKA DONCIC

Ha nacido un jugón

Colección **Baloncesto para leer**
EDICIONES JC

DISEÑO DE CUBIERTA
Pepe Regidor

EDICIONES JC. Colección Baloncesto para leer
Primera edición: marzo 2020

Rodríguez San Pedro, 2. 28015 Madrid (España).
Tfno/Fax: 91 446 96 92
edicionesjc@telefonica.net
www.edicionesjc.com

ISBN: 978-84-15448-49-5
Depósito Legal: M-8371-2020

Impreso en España – *Printed in Spain*
Tecnigraf
C/ Victoria Kent, 20
Pol. Ind. "La Floresta"
45600 Talavera de la Reina (Toledo)

Dedicado a Susana, porque la quiero mucho
aunque no le importe nada el baloncesto,
y también a mis 'sobris' Sara y Cayetana,
que sí son dos locas de meter canastas.
Y a mamá Nana, por supuesto.

ÍNDICE

PRÓLOGO

Lucio Angulo Espinosa*

Que Javier me propusiese escribir este prólogo ya era un hecho que me hacía dudar del libro en sí y de su criterio. Luego pensé si cabía la posibilidad de que lo hiciera para resaltar aún más como escritor Pero no cierre el libro todavía, amado lector, que esto es solo una chanza y que el tema del que trata vale la pena y no es baladí. Y si no es usted pívot, habrá adivinado que se trata nada menos que de Luka Doncic.

Como soy un escritor de método lo primero que hago es escribir "Luka Doncic" en un buscador, pongamos Google. De repente me asaltan 17.500.000 de resultados. Dicen que cada minuto nacen 180 niños en el mundo. Pues hay más gente escribiendo de "Luka Doncic" que nacimientos. En una de esas páginas web leo que Steve Kerr dice que "Doncic es una mezcla de Larry Bird y James Harden". Le acaba de ganar un partido metiéndole 20 puntos y cogiéndole 8 rebotes. Hoy ha batido otro récord: 25 puntos, 15 rebotes, 17 asistencias contra Sacramento. Otro récord de precoci-

* El autor jugó 20 años como profesional y disputó 512 partidos ACB, incluyendo cuatro temporadas en el Real Madrid (1999-2003). También fue 49 veces internacional (bronce en el Eurobasket'2001). En 2020 trabaja en Movistar+ y el programa *Colgados del aro*.

dad arrebatado a *Magic* Johnson, casi nada. Sigue dejando cadáveres en la cuneta y los que ayer eran ídolos hoy le piden fotos.

Hay que contextualizar un poco y pensar en el momento en el que llegó a la NBA. Este momento también es ventajoso. Lesiones de Stephen Curry, Kevin Durant, la edad de LeBron James, que aún exige rivales de entidad. Estas circunstancias hacen que cobre más brillo y se convierta en la imagen de una NBA que lo abraza. Desde medios pasando por público llegando hasta los rivales.

A cualquier jugador se le iría la cabeza, pero no al esloveno, que lleva conviviendo con el halago toda su vida. Al poco de llegar al Real Madrid, ya batía todos los récords de anotación en categorías inferiores. Sabía que eso no significaba mucho cuando sueñas en mayúsculas. Seguía corriendo la tinta y lo comparaban con Ricky Rubio: "El Madrid 'ficha' a su Ricky Rubio". Un Ricky que a finales de 2018, tras enfrentarse con él, decía de Luka: "Es un jugador muy especial y va a ser el mejor europeo de todos los tiempos". Con solo 15 años ya tenía la difícil misión de hacer olvidar a otro canterano como Niko Mirotic. E iba a ser Luka quien hiciera la pretemporada con el primer equipo.

Dicen que un superdotado tiene diez capacidades: capacidad innata, aprendizaje rápido, memoria, curiosidad, creatividad, perfeccionismo, independencia, hiperactividad, hipersensibilidad y disincronía. Luka es un superdotado. Lo tiene todo. Ha ido por delante de sus miedos, empujado por su talento y perseguido por sus retos, a los que iba alcanzando antes de enfrentarlos.

Cuando escribo esto Luka estará recibiendo una llamada de Michael Jordan, quien le dará las gracias por fichar con su marca de la que cobrará 100 millones de dólares. Porque Luka está sobrepasando marcas. Llegará un día en que en las universidades se estudiará el "impacto Doncic". Pero él seguirá normalizando la excelencia y haciendo otro triple doble como quien se toma un café por la mañana. Con esa insultante facilidad de los elegidos.

En este libro irán descubriendo un goteo de información y anécdotas del genio de Liubliana. De cómo *Wonderboy* pasó a *Matador*. También habrá reflexiones, porque en este libro también se reflexiona, es un completo. Lo tiene todo. ¿Los elegidos nacen o se hacen? En el caso de Luka parece que ambas, ya que, como es sabido, su padre es Sasha Doncic, exjugador y entrenador esloveno. Heredar un chasis, un bagaje, un vivir desde dentro el baloncesto, parece su base. Se entiende que inoculado desde pequeño con el virus del baloncesto. Pero el *cómo* se ha ido desarrollando es de lo que trata este libro.

Remontándonos a sus inicios, recordar que ya en la Minicopa del 2013 fue MVP. Con 14 añitos era un imberbe de 1,87 y 75 kilos. Un enjuto y coordinado niño que hacía 24 puntos, 13 rebotes y 4 asistencias con un 65% en tiros de campo en aquellos partidos. Viéndolos, te da la sensación de que era ya un adulto con cara de niño jugando con niños y viendo, cual Matrix, las jugadas antes que el resto. Sensación de dominar ya el juego, sensación de ser eficiente con lo mínimo, sensación de que tenía una luz especial. Te das cuenta de que hace los mismos gestos, los mismos tiros, las mismas fintas que ahora y eso es porque su percepción del baloncesto no ha cambiado. Su toma de decisiones ha sido la misma teniendo a un niño delante o a LeBron James. Él, simplemente, juega el partido que ya ha visto en su cabeza. El baloncesto es una serie de toma de decisiones. El que menos errores comete gana, y Luka siempre ha tenido la curiosa costumbre de acertar casi siempre.

La primera vez que mi hermano Alberto me hablo de él, no lo hizo para halagar las muchas canastas que metía o lo bueno que era. Me dijo: "Para su edad, es increíble el conocimiento del juego que tiene. Cómo se ubica, las distancias. Cómo es capaz de ser eficiente con economía de esfuerzos". Cosas que denotan una maduración especial. Dicen que las estrellas dejan un brillo. Y aquí es donde Luka no lo pierde. Su sonrisa. Seguir disfrutando, seguir sonriendo en situaciones de estrés. Un síntoma de genio.

Llegará un momento en que su figura trascienda fuera del deporte. Será fagocitado por la fama y las obligaciones, pero el niño enjuto, la sonrisa despreocupada, la magia que vivimos en nuestra liga y que creemos inocentemente nuestra... esos pequeños destellos seguirán siendo nuestros. Seguirán vivos en nuestras memorias.

En fin, les dejo en compañía de un libro que formará parte del *Universo Luka*. Así que relájense y disfruten de un talento... galáctico.

HA TENIDO USTED UN JUGÓN

Cuando el 28 de febrero de 1999 la exmodelo, exbailarina deportiva y propietaria de una pequeña cadena de salones de belleza Mirjam Poterbin dio a luz a Luka Doncic en Liubliana, el país del que es capital, Eslovenia, ya había dejado atrás los convulsos días en los que peleó en las calles y en las carreteras para separarse de Yugoslavia. Sucedió del 27 junio al 6 de julio de 1991: una vertiginosa revolución, la *Guerra de los diez días*, que venía gestándose meses atrás, ofreció como consecuencia un país nuevo, que dejaba el control que, desde el final de la Segunda Guerra Mundial, habían ejercido Belgrado y, por extensión, Moscú. Sus aproximadamente dos millones de habitantes eran al fin libres de elegir su propio destino, algo que había ocurrido muy poco a lo largo de su historia.

"Tuve el privilegio de estar en la sala cuando nació Luka. También fui la primera persona que le vistió y que le puso un pañal. Esta misión de ser abuela es una cosa muy bonita." Es Milena Poterbin, la abuela de Luka, quien ofrece este recuerdo sencillo en el documental *El futuro es ahora*, estrenado en marzo de 2018 por la Euroliga[1]. Se trata de una de las numerosísimas piezas de todo tipo que ha generado en muy poco tiempo la figura de Doncic. La mujer dice más

1 Dirigido por Diego Dorado y con guion de Xuban Intxausti.

adelante que le consideraba "un niño vivaz", "muy amable", "muy compasivo", "maravilloso". Sí, desde luego, la expresión "no te hace falta abuela" también se puede aplicar en Eslovenia.

Una de las pasiones de aquella zona fue siempre el baloncesto. Pese a su reducida población[2], ha generado un gran número de jugadores de calidad, muy en la línea de los países de los Balcanes. Fueron estrellas en Europa y se asomaron a la NBA con más o menos éxito Marko Milic, Rasho Nesterovic, Bostjan Nachbar, Uros Slokar, Beno Udrih, Sasha Vujacic, Zoran Dragic y, por encima de todos, su hermano, Goran Dragic, base titular durante varios años en Miami Heat tras haber pasado también a buen nivel por Phoenix Suns y Houston Rockets. Alcanzó el rango de All Star en 2018. No llegaron a dar el salto otros *grandes* a nivel continental, como Jure Zdovc, Slavko Kotnik, Sani Becirovic, Gregor Fucka –nacionalizado italiano–, Jaka Lakovic y Erazem Lorbek. Varios jugaron en España, dejando la impresión de ser gente educada y laboriosa y con un profundo sentido del baloncesto colectivo.

Puede considerarse a Ivo Danau como el *padre* de todos ellos. Nacido en octubre de 1937, fue un vital componente de la selección yugoslava, con la que llegó a ganar el Mundial de 1970, además de una plata olímpica (México'68) y tres europeas. El Real Madrid de Pedro Ferrándiz y Raimundo Saporta intentó ficharle en varias ocasiones, pero

2 2.080.908 habitantes en 2019, una cifra muy similar a la de comunidades autónomas españolas como Euskadi o Castilla-La Mancha.

no lo logró. Tenía reservado un hueco gigante en su historia para un compatriota, aunque, antes, el primer esloveno en defender la camiseta blanca sería Marko Milic (2000-01), al que le cabe también el honor de ser el primer jugador del país en jugar en la NBA[3]. Por lo que cuenta José Manuel Puertas en *Libertad Digital,* en un extenso reportaje sobre la infancia del jugador de los Mavericks[4], el niño Luka solía llevar el uniforme de Milic en los entrenamientos.

Él es heredero de toda esa tradición, a lo que hay que añadir que, literalmente, su ADN también está repleto de canastas. Su padre se llama Sasha Doncic y es alguien absolutamente clave en su formación. Nacido en 1974 de inmigrantes serbios desplazados a la ciudad eslovena de Jesenice, justo en la frontera con Austria, tuvo una buena carrera, aunque tampoco estelar. Primero jugó en la antigua Yugoslavia, luego en su recién independizado país y después en Serbia, a la que se siente muy vinculado, y Francia. Llegó a ser internacional júnior yugoslavo dentro de una generación considerada *maldita*: Haris Brkic fue asesinado en Belgrado en 2000 y Boban Jankovic falleció en 2006 tras pasar trece años en una silla de ruedas porque, en un momento de frustración durante un partido con el Panionios, se golpeó intencionalmente la cabeza con la base de una canasta. En

---

3 44 partidos en Phoenix Suns entre las temporadas 97-98 y 98-99 con solo 2,5 puntos en 4,8 minutos de media.

4 https://www.libertaddigital.com/deportes/baloncesto/2016-12-13/edad-luka-doncic-eslovenia-el-nino-de-la-mopa-que-queria-ser-marko-milic-1276588581/

la absoluta de Eslovenia solo fue alineado de forma breve en la fase de clasificación del Eurobasket'2005.

Midiendo prácticamente lo mismo que hoy en día su hijo (2,02), Sasha ocupaba las posiciones de escolta y alero. Estuvo en las pistas hasta los 36 años, cuando en 2010 se retiró en el Avantgard Radovlijica, donde acto seguido empezó su recorrido como entrenador. Militaba en el Pivovarna Lasko cuando nació Luka, del que en ocasiones se ha dicho que es una mezcla perfecta de material genético: el amor por el basket y la fuerza del padre mezclados con la agilidad y sutileza de la madre, que, aparte de ser considerada una de las mujeres más guapas de Eslovenia, llegó a ganar competiciones de baile deportivo de ámbito internacional[5]. También se intuye una fusión cultural en él entre el espíritu guerrero y la competitividad clásica de los serbios con la tranquilidad y vitola de bondadosos y trabajadores que tienen los eslovenos.

Sasha cuenta que, desde aquel 28 de febrero, el chico es "un fanático del baloncesto". "Su madre le llevaba a mis partidos, donde ocurría algo increíble: pese a ser un bebé muy inquieto que estaba todo el día llorando, una vez empezaba la acción, se calmaba y no se movía más"[6], asegura. Es la primera de las muchas leyendas con poso verdadero que se han narrado sobre nuestro protagonista en sus

5 Es una modalidad de baile con varios estilos (estándar, latino, salsa) reconocida como deporte que se practica en 70 países. Su federación internacional ha solicitado varias veces que sea incluida en el programa olímpico.

6 https://es.nba.com/news/especial-nba-viaje-origenes-luka-doncic-eslovenia-juguete-pelota-baloncesto/10p0d7gg70f9r108sgctv2whxd

apenas veinte años de vida. Como los más grandes, desde el principio estuvo predestinado a ocupar un puesto en la historia, aunque para ello tuviese que pelear al máximo y superar no pocas dificultades, principalmente marcharse de casa siendo literalmente un niño.

Hay una coincidencia general: siempre estaba con una pelota de baloncesto en la mano, una anécdota calcada a lo que se señala sobre leyendas como Juan Carlos Navarro. Era volver del colegio, dejar la mochila y lanzarse casi inmediatamente a una cancha descubierta muy cerca del hogar. Cuando el tiempo no lo permitía, siempre quedaba la pequeña canasta instalada en la puerta de su habitación, donde iba también resaltando con rotulador cómo crecía y crecía. ¿Quién no ha hecho eso en su infancia? Mirjam llega a asegurar en el documental que a veces había que abroncar al chico de lo pesadito que se ponía con la pelota: "¡Danos un poco de paz!". Todo aquello acabaría teniendo un sentido.

La precocidad del pequeño no parecía tener límites. "El espacio en nuestra casa era demasiado pequeño, pero él jugaba contra la pared ya a los dos años con una pelota para niños. Luego, a medida que fue creciendo, tuvimos que comprar otro balón", continúa Sasha. "Muchas de las cosas de la vivienda terminaron rotas, los cristales rotos... Por suerte, la cancha del vecindario estaba a quince metros de donde vivíamos. Luka estaba todo el día allí." Es fácil imaginarle como al típico chico al que se le daban bien todos los deportes. En fútbol jugaba de delantero, llegó a ser cinturón amarillo de judo y también hizo voleibol. "Estaba todo el día con la pelota, pero con cualquier pelota:

de tenis, de fútbol, de baloncesto, balonmano o waterpolo. Era un buen jugador de fútbol. Probablemente por mi influencia, además de que iba a todos los partidos, terminó eligiendo el basket", argumenta el padre. Hasta probó con el ballet y, a juzgar de la elegancia y plasticidad con la que se mueve sobre una pista de baloncesto, no cuesta demasiado imaginárselo como un Billy Elliot de acento balcánico.

Se ha glosado un millón de veces la historia de que, en los descansos de los partidos de Sasha, Luka saltaba a la pista para tirar a canasta ante los aplausos del público, idéntica escena a la que se narra sobre Navarro. Muy pronto eso se tradujo en lo que sería una constante en su trayectoria: "Siempre competía contra chicos más grandes. Cuando tenía doce o trece años, le veía jugando partidos de tres contra tres contra jóvenes hasta seis años mayores que él. No solo les trataba de tú a tú, sino que terminaba siendo el líder de sus equipos", recuerda Sasha, que a veces no parece muy sorprendido de la evolución de su vástago. "Ahora está sucediendo lo mismo que yo vi durante su infancia. Con veinte años es el líder de los Dallas Mavericks. Esto pasa porque Luka ya estaba muy acostumbrado a tomar papeles importantes en equipos con gente mayor desde bien pequeño. Esa condición es algo con lo que uno nace: hay muchos grandes jugadores, pero solo algunos llegan a ser líderes. Y él es uno de ellos."

Tras jugar en el colegio Mirana Jarca, su primer club como tal fue el Olimpia, también en Liubliana, a los ocho años. Se trata del gran gigante del basket esloveno. Superando a los clásicos de Serbia, Croacia y Bosnia, se proclamó seis veces campeón de liga en la antigua Yugoslavia, la mayor parte de ellas en la época de esplendor de Ivo Daneu. Cuando el país consiguió la independencia sumó quince ligas más y además le dejó un punzante recuerdo al Baskonia, al que arrebató la Copa Saporta (nueva denominación de la Recopa) en 1994 en una delirante actuación de Roman Horvat y Dusan Hauptman (60 puntos entre ambos para el 91-81 final). Velimir Perasovic, Ramón Rivas... y Pablo Laso estaban en el equipo vitoriano aquella triste noche en Lausana.

El primer entrenador *oficial* que dirigió a Luka se llama Grega Brezovec, al que costará olvidar lo que sucedió la primera vez que le vio. Fue tan breve aquello que apenas le tuvo un cuarto de hora a sus órdenes. "Era un otoño soleado, yo había comenzado poco tiempo atrás como entrenador de menores y me acuerdo que un día Sasha me preguntó que cuándo eran los entrenamientos para chicos de la edad de Luka. Un lunes vino. Era tan bueno y marcaba tanto la diferencia que solo duró 16 minutos conmigo: le mandamos con el equipo de menores de doce, que dirigía Jernej Smolnikar y en el que había chicos tres años mayores que él."[7]

Al pequeño Doncic le sabía a muy poco entrenar solo una vez al día y constantemente reclamaba que se le incluyese en más grupos. "Pero ni dos entrenamientos eran suficiente para él", según Mirjam, a la que le preocupaba que tanto baloncesto pudiese afectar a su rendimiento académico. Probablemente su compañero más querido en la cancha era su amigo Vasja Dosen, que no pudo seguir jugando

7 Ibídem.

por las lesiones. Por aquel entonces ya idolatraba a uno los jugadores con el que más se le ha comparado: el croata Drazen Petrovic, mucho más que un gran anotador en Europa en los años 80 y que, a base de sacrificio, acabó haciéndose un buen hueco en la NBA a principios de los 90. Su mítica carrera se vio truncada por un mortal accidente de tráfico en 1993.

Agrega Brezovec que aquel año también le dirigió en un torneo de menores de diez: "Hay algo que es muy importante para mí: pese a ser considerablemente mejor que el resto de sus compañeros, era un gran jugador de equipo y un líder positivo. Se notaba claramente que el baloncesto corría por su sangre. Es como MacGyver, que salía airoso de cualquier situación con una navaja suiza. Pues él tiene una pelota de baloncesto. Es su juguete, su trabajo y su solución para todos los problemas. No alcanzo a imaginar lo lejos que puede llegar si trabaja duro y continúa disfrutando de esta manera".

Smolnikar, el técnico de los chicos más mayores que recibió ese inesperado regalo en forma de jugón, asiente: "Fui su entrenador desde los nueve a los doce años, lo veía seis días por semana. Era muy dominante en su juego y poseía una inteligencia muy grande para este deporte. No tenía ningún sentido que entrenase con chicos de su edad"[8]. Su impresión del niño en lo personal también resulta inmejorable: "Le encantaba pasar tiempo con sus compañeros. Siempre estaba riendo. No estoy bromeando: pensaba en

8 Ibídem.

baloncesto el día entero. Parecía que vivía para ello. Y como era muy bueno, a veces se podían ver algunos celos de parte de otros jugadores del equipo, o hasta de los padres de estos...". Según su versión, "los movimientos que luego se vieron en Madrid ya los habíamos observado en Liubliana. Supimos pronto que sería un gran jugador".

En los estudios, Sasha habla de su hijo como "un alumno aceptable, pero no de los mejores. Todos sabíamos que no iba a ser científico, que no descubriría un nuevo planeta. Pero venían las profesoras y nos decían: 'Todo el tiempo está enfocado en el baloncesto'. Basket, basket, basket... era lo único en lo que pensaba. Teníamos televisión de pago y un montón de canales diferentes para ver. Pero Luka jamás se interesó por los dibujos animados. Solo por el baloncesto". Viene de entonces su afición por ver partidos antiguos de jugadores como el propio Petrovic, *Magic* Johnson o Larry Bird.

Las normas de la competición eslovena impedían a un niño de ocho o nueve años jugar en la sub-14, que es lo que se asegura que incluso le hubiese podido corresponder por nivel. Sí accedió al equipo sub-12 del Olimpia, donde fue adquiriendo un rol cada vez más importante hasta el punto de que, en un torneo en 2011 disputado en la cercana Pordenone (Italia), anotó 41 de los 46 puntos de su equipo para vencer al Leoncino Mestre (46-43).

Su entrenador en aquel equipo, Lojze Sisko, era al mismo tiempo el coordinador de la cantera del Olimpia y le conocía a la perfección. Seguramente exagere, pero soltó esto en un reportaje de la ESPN en 2017[9]: "Luka sabía ya todos los trucos de los veteranos y todo lo que se podía saber sobre baloncesto. Fue así desde el momento en el que nació. Lo que estaba haciendo es algo que no se aprende. De ningún modo podías enseñarle al resto de los jugadores lo que él ya sabía. Era imposible". Lo más increíble para Sisko era "cómo podía cambiar su personalidad. Siempre tenía mucha confianza sobre la pista y un gran deseo de ganar. Estaba muy concentrado, pero cuando el partido terminaba, era un maravilloso chico pequeño. Siempre sonreía y bromeaba con los demás. Tenía una personalidad magnética a esa edad".

Un hombre determinante en lo que sucedió entonces fue Mirko Milicevic, exjugador serbio que llegó a militar en el Forum Valladolid, con el que jugó diez encuentros en la temporada 92-93. Era un pívot de 2,10 que también se ganaría la vida en Yugoslavia, Israel, Turquía, Italia y Grecia. Aunque ya se sabe que en este tipo de historias muchos se atribuyen a sí mismos el papel de *descubridores*, en el caso de Doncic él se lleva claramente esa consideración. Habitual en patearse las canchas de categorías inferiores de toda la antigua patria yugoslava, dio la voz de alarma a sus contactos de la agencia española Hoops Internacional[10] sobre lo que estaba disfrutando con sus propios ojos. "Tenéis que

9 https://www.espn.com/nba/story/_/id/20668236/there-never-nba-draft-prospect-slovenia-luka-doncic

10 Dirigida por Paco López, ha llevado íntegramente la carrera de José Manuel Calderón. También ha trabajado con Jaycee Carroll y Gustavo Ayón, entre otros muchos.

ver a este niño. Es realmente increíble", debió decirles a sus interlocutores, que, conociendo su buena vista, se fiaron a tope del informe. Milicevic también convenció a los padres de que accediesen a que Luka se sometiese a una posible prueba con los dos tradicionales dominadores de la ACB, Real Madrid y Barcelona. No fue sencillo porque la pareja Sasha-Mirjam se había separado apenas dos años antes y ambos tenían visiones diferentes de lo que debía ser el desarrollo del niño. Ella en principio no estaba muy por la labor de dejarle marchar.

Realizado el ofrecimiento, el director de la cantera blanca, Alberto Angulo[11], puso mucho más interés que los responsables de las categorías inferiores del Barça, que respondieron que ya tenían cubierta la misma posición con otras promesas por las que habían apostado de forma clara. ¿Fue aquello un error histórico imposible ya de subsanar? Siempre puede esconderse un Clifton *Pop* Herring en cualquier lado: fue el entrenador que descartó a un quinceañero Michael Jordan para su equipo de *high school* de Carolina del Norte.

Había que moverse rápido porque Milicevic, que había jugado en Turquía e incluso había adquirido la nacionalidad de aquel país bajo el nombre de Muhammet Onar, también se puso en contacto con el Galatasaray, que accedió a examinar al niño Doncic. Según su versión, llegó a probar por

11 542 partidos en la Liga Endesa con 10,1 puntos de promedio, incluyendo seis temporadas en el Real Madrid (1996-2002). Especialista en el triple, fue 98 veces internacional.

el equipo de Estambul... ¡donde no les gustó! “Llevé a Luka, el hijo de mi amigo Sasha, al Gatalatasaray. Me preguntaron que qué debían hacer con él porque no era tan bueno como esperaban”, relata[12], aportando un episodio como mínimo gracioso para ejemplificar que el niño no era tan niño: “Me di cuenta de lo fuerte que era cuando, teniendo trece años, cogió a su padre, un hombre de más de 100 kilos, y lo tiró a la piscina”. Burçin Badem, entonces gerente del *Galata*, no ocultó su molestia, respondiendo públicamente que el único motivo por el que no se había fichado al preadolescente Doncic había sido económico y no deportivo.

En diciembre de 2011, el Madrid se hizo cargo de todos los gastos y tuvo a Doncic en la capital española realizando algunas sesiones. Como gustó mucho lo que intuyó en él, lo invitó de nuevo, pero esta vez para jugar la Minicopa de 2012. Ya todos sus responsables tenían claro que le querían en las categorías inferiores para terminar de forjarle. Se incorporaría definitivamente unos meses después, ya cumplidos los trece años. Medía 1,82 por entonces y, cuenta otra vez la leyenda, su sueño era jugar en el Real Madrid, cuyos partidos se colaban en la televisión de pago eslovena. Cuando los turcos se dieron cuenta de que la oportunidad era gigantesca y apretaron, el compromiso estaba ya cerrado con el club español. Milicevic sostiene que Alberto Herreros le dijo, la primera vez que vio al chaval en acción, que no había visto a nadie con tanto talento en toda su vida. “No hay

12 https://www.zurnal24.si/sport/kosarka/luka-doncic-najvecja-napaka-v-zgodovini-turske-kosarke-320490

necesidad de presumir porque yo ya no juego. Solo intento ayudar a los jugadores jóvenes", declara Mirko cuando se le pregunta por su aportación a la historia.

El destino como madridista para siempre del pequeño Doncic estaba ya escrito. Mirjam terminó cediendo al permitir que se marchase. Recientemente habló al respecto en la prensa de su país, poniendo el acento en el dolor que le produjo acceder a los deseos de su único hijo[13]: "Luka me dijo que quería irse. Yo al principio estaba en contra porque tenía apenas trece años. Se sentó frente a mí, me miró seriamente y dijo: 'Mamá, realmente me gustaría probar esto'. Y en ese momento supe que tenía que hacerse, que tenía que apoyarle. Sin embargo, fue un gran *shock*, terriblemente difícil. Luka no sabía lo que realmente le estaba esperando. Se fue a otro país, no sabía el idioma. Fue muy duro, pero quería hacerlo fervientemente, y si un niño quiere algo con tanta urgencia, creo que necesita apoyo. Para mí, honestamente, fue horrible. Pese a que tenga tanto éxito ahora, no sé si volvería a permitirlo. Lloré todo el tiempo".

En el Olimpia vieron con claridad que le estaban diciendo adiós a una futura leyenda porque hasta le organizaron un acto de despedida en el que le regalaron un mural con fotografías de su etapa en el club. "Srecno, Luka!"[14], rezaba el cartel. "Creo que para él fue muy bueno irse tan jo-

13 https://siol.net/trendi/svet-znanih/mirjam-poterbin-o-lukovi-zgodbi-ne-vem-ce-bi-sla-se-enkrat-cez-to-intervju-496441

14 "¡Buena suerte, Luka!" en esloveno.

ven a otro país. Eso le sirvió para empezar de cero y salir de su zona de confort. Además, se marchó a Madrid, una gran ciudad en la que vive más gente que en toda Eslovenia. Aprendió otro idioma, conoció otra cultura... España mejoró a Luka: fue en el momento preciso de su carrera. Lo decidió él." Pero eso, Sasha, es ya otra historia...

LA MINICOPA PERDIDA DE UN NIÑO ENJUTO...

17 DE FEBRERO DE 2012, Centre Municipal d'Esports Olímpics Vall d'Hebron, escenario de la primera fase de la competición de voleibol en los Juegos Olímpicos de Barcelona'92. Son las 11.00 horas y Luka Doncic, contra rivales un año mayores que él, se enfunda por primera vez la camiseta del Real Madrid, en aquella ocasión con el número 18. Contaría posteriormente que estuvo dos o tres días sin dormir cuando supo que tendría la oportunidad de demostrar su valía. Fue en la jornada inaugural de la Minicopa, un torneo reservado para jugadores en edad infantil que se organiza paralelamente a la fase final de la Copa del Rey y por el que han pasado un buen número de futuras estrellas[15]. Él no iba a ser menos, aunque en aquel primer encuentro contra el Fundación Baskonia sus números no llamaron especialmente la atención: 10 puntos y 4 rebotes en 20 minutos. En la plantilla blanca había otros dos invitados a los que el club quería ver en acción en vivo: el interminable brasileño Felipe dos Anjos[16] (2,02 cuando todavía no había cumplido los

15 El MVP de la primera edición fue Ricky Rubio (2004). Desde entonces, alrededor de 65 futuros jugadores de la Liga Endesa han pasado por la competición.

16 Ha llegado a alcanzar los 2,18. En la temporada 2019-20 en el Trapa Palencia (LEB Oro).

trece años) y el base-escolta mallorquín Miki Fons[17]. "Fue la primera vez que nos conocimos los tres y a partir de ahí nos tuvimos que aguantar cada día durante cuatro años", dice Fons entre risas. "La verdad es que, a pesar de vivir vidas muy diferentes, mantengo muy buena amistad con los dos, aunque me gustaría poderles ver un poco más porque se les echa de menos", reconoce.

En *El futuro es ahora*, Pablo Sañudo, director técnico de la cantera blanca, señala que Doncic viajó a Barcelona tras solo un par de entrenamientos en el pabellón del Valle de las Cañas, en Pozuelo de Alarcón, epicentro del trabajo diario de la sección de baloncesto del Real Madrid. "En la primera sesión que hicimos solo con él nos llamó muchísimo la atención que un niño tan pequeño supiese hacer tantas cosas y que le salieran de forma tan natural", relata. En Barcelona se trataba de evaluarle con *fuego real*, en partidos de verdad.

El entrenador que se le asignó a los tres chicos a prueba fue Alberto Codeso, que recuerda bien aquellos días. Para empezar, tiene una anécdota espectacular: "Cuando los dos balcánicos que tenía por entonces el primer equipo, [Ante] Tomic y [Novica] Velickovic, vieron aparecer por el pabellón a Luka acompañado de su padre le reconocieron inmediatamente. 'Ese es Sasha, hemos jugado contra él veinte veces. Es de los jugadores más duros que ha habido en nuestra zona', me soltaron con mucho respeto hacia él. Se había retirado poco antes y todavía estaba joven y fuerte". Code-

17 En la temporada 2019-10 ha jugado en el Sant Adriá (Liga EBA).

so recuerda a Luka "callado, sin saber una palabra de español", pero eso tampoco importó demasiado en las primeras sesiones. "Sin entender el idioma, se daba cuenta de todo: cogía el balón y sabía si tenía que jugársela él o pasarlo. Era el más listo y hacía cosas de dominio y de habilidad bastante buenas. Con un ojo miraba el marcador y tenía una gran chispa, aunque es cierto que todavía no estaba desarrollado físicamente y que era muy delgado."

En Barcelona, el Madrid ganó aquel partido de debut de *Lukita* por 80-58 al Fundación Baskonia. Hoy en día, seguramente los doce niños que aquel día alineó el equipo vitoriano cuentan la batallita de que se vieron las caras con un futuro icono. Jon Olarte es uno de ellos: "Lo recuerdo perfectamente", responde cuando se le pregunta. "Cuando llegamos el primer día corría un rumor de que el Madrid había traído a un chaval del 99 que debía de ser una auténtica pasada. No sabíamos mucho de él más allá de eso, pero jugábamos contra ellos en la primera jornada. Al principio, tampoco destacó mucho, apenas hablaba con sus compañeros, pero ya se le veía esa actitud picaresca que tanto le caracteriza", añade. Olarte, máximo anotador de su equipo con 14 puntos, se detiene en un aspecto: "Nos defendimos mutuamente, pero yo básicamente le seguía por el campo. Sin ser extremadamente rápido, él tenía unos recursos que eran muy avanzados para aquella edad, movimientos muy plásticos y elegantes. Recuerdo que nos metió bastantes canastas utilizando finta de tiro y pasito hacia delante, jugada que repite noche tras noche en la NBA". Lo que es la vida: ocho años después, mientras uno está en Dallas alucinando a todos, el otro, estudiante de Comunicación Audiovisual en la Universidad Carlos III, también persigue su particular sueño: dedicarse al cine.

Tras superar al Baskonia, el Madrid también arrasó en la fase de grupos al Lucentum Alicante (46-103, con una curiosa estadística de 6 puntos, 6 rebotes, 7 asistencias y 5 robos del niño esloveno en 20 minutos) y al Unicaja (62-83, 16 puntos y 3 rebotes también jugando solo la mitad del partido). Ignacio Rosa[18], que estaba en el conjunto malagueño, recuerda sobre todo "el descaro y el desparpajo que tenía" porque "normalmente un jugador que llega de invitado suele estar cohibido". Él nació también en 1999 y se confiesa impactado por la brutal progresión que ha tenido alguien de su misma edad cuando él está apenas asomándose ahora a las categorías profesionales: "Es alguien que está como tocado por una varita mágica. Desde muy pequeño se sabía que iba a hacer grandes cosas. Luego me crucé en varios campeonatos de España con él y siempre fue una gran experiencia, pero también un suplicio porque dominaba completamente".

Aquellos dos encuentros ante Alicante y Unicaja se jugaron durante la misma mañana, a las 9.00 y a las 13.00, para agilizar el calendario. El día siguiente, la primera experiencia de Doncic en España no tuvo un final feliz: en la final ante el Barcelona los blancos fueron derrotados por 83-78 pese a sus 20 puntos, sumados esta vez en tres cuartos en total. La ausencia de Felipe dos Anjos, que tenía que coger un avión de vuelta a su país, acabó haciendo mucho daño.

18 En el Tau Castelló (LEB Oro) en la temporada 2019-20.

Doncic, que terminó el partido anotando un triple desde medio campo, prefiere verlo en positivo, como es habitual: "Fue una experiencia muy bonita. Allí empezó todo". Por lo que cuentan sus allegados, no se trata de alguien que se quede atrapado en lo que sale mal, sino que más bien tiende a sacarle enseñanzas a los reveses para que no se repitan. Lo que todos deberíamos hacer cuando las cosas se tuercen, pero que luego resulta tan difícil de aplicar. En su fuero interno sabía que globalmente había disputado un buen torneo y que tenía todas las posibilidades de quedarse.

En el choque decisivo ante el Barça, el más valorado del Madrid fue Pablo Poyatos (23 en total, fruto de 17 puntos y 12 rebotes). Él nos ofrece su primer vistazo de aquel Doncic: "Cuando llegó parecía un chico como otro cualquiera al que invitaban para jugar torneos. Era flaquito y físicamente estaba un poco por debajo, o eso al menos nos pareció". Les "pareció", sí, porque "ya en el primer partido se veía que tenía algo especial y que, a pesar de que no tenía un cuerpo espectacular, sabía jugar y sabía moverse. A partir de ahí siempre se ha visto claro que iba a ser muy bueno". Eso sí: "Jamás se pensó que iba a hacer lo que está haciendo y lo que ha hecho antes de irse a la NBA". Según Poyatos, "por un lado es increíble y por otro digamos que es el curso natural que ha ido siguiendo un jugador que ha trabajado como el que más para ser siempre el mejor"[19].

---

19 Ahora es estudiante de Ingeniería de Telecomunicaciones y juega en la Primera Nacional madrileña a la búsqueda de oportunidades en la Liga EBA, donde llegó a debutar con el Torrelodones

Codeso ironiza por el hecho de haber sido el fugaz técnico con el que Doncic no consiguió triunfar en su experiencia inicial en España, aunque no deja de ser un dato sin demasiado relieve después de tanto tiempo y tantos éxitos por medio. "Fue una final muy igualada. Si hubiésemos tenido a Felipe dos Anjos quizás el resultado hubiese sido distinto", lamenta sin hacerse mucha sangre.

En el Barça, el gran rival del esloveno fue Maxim Esteban, capitán azulgrana y autor también de 20 puntos en la final[20]. "Llegamos con expectativas a ver qué jugadores invitados traía el Real Madrid, que era el gran obstáculo para que ganásemos el primer gran torneo de nuestras vidas. Nos impactó y hasta nos asustó Dos Anjos, que era enorme. A Luka le teníamos un poco visto porque coincidimos con él en un torneo en Hungría a principios de temporada en el que estaba con el Olimpia[21]. Ya destacó, pero cuando eres infantil no te fijas demasiado en quién está enfrente, sino en disfrutar y pasártelo bien", señala. Asume con naturalidad que "los demás teníamos talento, pero en la final se veía que lo de Luka era algo distinto. No solo nos anotó, sino que jugó con gran desparpajo y nos complicó muchísimo. Será una anécdota, pero anotar un triple desde medio campo no es fácil siendo infantil. Me gusta decir que fue un toma y daca entre él y yo".

---

20 Tras varios años en la cantera azulgrana, en la temporada 2019-20 milita en el Basquet Girona (LEB Plata), club creado por Marc Gasol.

21 Se refiere a la Vasas Intesa Sanpaolo Cup, disputada en Budapest en septiembre de 2011 para equipos sub-14. El Barça fue campeón venciendo al Olimpia en la final, pero Doncic fue nombrado jugador más valioso.

Resultó el centro de conversación aquellos días. "Gustó mucho a todo el mundo. Venía a que le viésemos y quedó bastante claro nada más terminar la Minicopa que había que ficharle. En breve se pusieron a hablar. No hubo ninguna duda por nadie", desvela Codeso. Considera que "tiene un talento genético indiscutible" y que la gestión que hizo el Real Madrid de su progresión fue "modélica": "Siempre que competía con los mayores lo hacía bien, pero se acertó cuando había que hacerlo a la hora de ascenderlo al primer equipo. Se le pusieron objetivos fuertes constantemente y siempre los cumplió con creces. No le ha importado nada saber que se esperaba mucho de él".

El técnico no continuó la temporada siguiente en el Real Madrid, trabajando después en varios clubs de élite tanto en categorías inferiores como en sus primeros equipos como ayudante[22], pero se siente especialmente satisfecho de que Doncic, pese a haberle tenido a sus órdenes únicamente durante diez días, le haya saludado afectuosamente cada vez que han vuelto a coincidir: "Yo estaba en el Valencia Basket y cruzó la pista para dirigirse a mí antes de un partido. '¡Me saco el carnet de conducir mañana!', me contó entusiasmado. Todo el mundo que estaba alrededor se sorprendió bastante. Ha pasado lo mismo más veces. Por ese tipo de detalles te convences de que, pese a todo lo que ha conseguido, no se le ha subido a la cabeza".

---

22 En la temporada 2019-20 forma parte del cuerpo técnico del San Pablo Burgos (Liga Endesa).

Por su parte, Miki Fons indica que fue "una experiencia muy bonita y enriquecedora a nivel personal y deportivo", aunque él se llevó el disgusto de perder la final precisamente el día de su cumpleaños. "Sin embargo, allí es donde ya se vio el gran potencial de Luka y su calidad, a pesar de su edad", sostiene de forma taxativa. Como a tantos y tantos, le llamó la atención "su capacidad de entender el juego y su madurez a nivel táctico y técnico, ya que era capaz de leer situaciones complejas a la perfección y siempre tomando la mejor decisión. Humanamente, me sorprendió su sentido del humor y el buen corazón que tiene".

Horas después de la derrota en la Minicopa, llegó el sorprendente primer título de la brillantísima *era Laso,* el exuberante 74-91 ante un Barcelona que jugaba como en casa en el Palau Sant Jordi. Con el tiempo, varios de los protagonistas de aquella final acabarían siendo compañeros y amigos de Doncic en el primer equipo. Su favorito, Sergio Llull, anotó 23 puntos y fue elegido jugador más valioso, bien secundado en los triples por Jaycee Carroll (22).

Sobre aquel episodio de Barcelona, Sañudo apostilla que Doncic "compitió muy bien" pese a no alzarse con el título. "Se cerró un acuerdo muy rápido con su club para traerlo a partir de septiembre", confirma. En aquel momento se aseguró que el contrato que firmaba era para diez años, hasta 2022, pero existían distintas cláusulas de salida y se modulaban los emolumentos recibidos según se fuesen cumpliendo objetivos. De hecho, cuando alcanzó la mayoría de edad se rubricó otro compromiso de mayor índole profesional y con ingresos acordes a su ya importantísimo papel en el equipo.

Después de la cita del Vall d'Hebron ("me gustó mucho cómo me trataron todos: compañeros, entrenadores y jefes"[23]) su fama de jugador imparable fue creciendo y finalmente obtuvo un foco más internacional en el Torneo Lido de Roma, que disputó con el Olimpia en abril del 2012. Alcanzó los 41 puntos en la semifinal y un estratosférico triple doble en la final ante la Lazio Basket. Aquellos 54 puntos, 11 rebotes y 10 asistencias (victoria por 104-76) le confirmaron como una grandísima promesa. Pasados los años, él mismo, en plan modesto, ha terminando desmitificando ese partido explicando que su superioridad abrumadora se fundamentó en que "era el más alto de los que jugaba".

Sañudo y Poyatos coinciden en una palabra para aquel Luka: "tímido". Fue el primer estadio de una evolución inevitable. "A medida que iba a cogiendo confianza se soltaba, claro. Una vez aprendió el idioma era un espectáculo, siempre risas y bromas", agrega Poyatos, que se pone serio a continuación: "En la pista, decir que era competitivo es poco". El Madrid nunca había traído un niño extranjero tan joven. "Añoraba mucho a su familia y le costó empezar a hablar español", mantiene Sañudo. Aun así, su dominio de los idiomas es importante hoy en día: además de esloveno y español, también maneja inglés, serbocroata y hasta algo de alemán.

---

23 https://www.realmadrid.com/noticias/2017/02/doncic-cumple-18-anos

Para Ignacio Ballespín[24], componente de aquel equipo que disputó la Minicopa, cuando Luka llegó "era un chico muy especial, con unas cualidades bien distintas a las de los otros jugadores que también tenían buen talento. Poseía una lectura por encima de las posibilidades de los demás, una toma de decisiones que no era normal. Cuando eres pequeño cometes más errores, cometes más tonterías. Él no. Con eso se nace, no se puede enseñar. Luego fue mejorando físicamente".

El propio Doncic rememora con una sonrisa en la boca cómo en su primer día de clase en Madrid no entendió absolutamente nada, particularmente en Matemáticas. Cuando llegó, apenas sabía nada de España más allá de los nombres de los grandes jugadores de la selección. Se interesó mucho por él Niko Mirotic, el montenegrino nacionalizado español que ya estaba por entonces en el primer equipo del Madrid tras haber llegado también muy joven desde los Balcanes. Una noche ambos salieron a cenar sin sospechar ni mínimamente que uno se acabaría convirtiendo en un gran héroe del madridismo y el otro en el villano de buena parte de su hinchada por su fichaje por el Barça en 2019 tras pasar un lustro en la NBA.

"Al principio estaba un poco más apartado, como los otros que no sabían el idioma, pero lo aprendió muy rápido. Era un chico agradable pese a que estaba por encima de todos los demás, no mostraba nunca ser un chulo. Mantenía

24 Inició la temporada 2019-20 en el Melilla (LEB Oro) y la acabó en La Roda (LEB Plata).

la calma cuando nos salían las cosas mal. Era consciente de su evolución. Estaba muy bien educado y tenía claro el camino que debía seguir. Alimentaba una buena relación con todos", añade Ballespín.

Pese a todo, todavía le quedaba a *Lukita* mucho que aprender. Y estaba en el mejor sitio posible para hacerlo.

... Y LA MINICOPA ARRASADA DE UN LÍDER PRECOZ

El traslado a España se llevó a cabo contando con la supervisión directa de Mirjam durante la primera semana. El primer techo de Luka Doncic en Madrid fue el de la residencia del Colegio SEK, en la urbanización Villafranca del Castillo, situada en Villanueva de la Cañada, al noroeste de Madrid. Allí era donde el club hospedaba a sus jóvenes deportistas hasta que inauguró el centro especialmente habilitado para ello en Valdebebas, donde también llegó a vivir. El padre recuerda que el niño tuvo "una pequeña crisis" al principio, pero que luego "se adaptó perfectamente". La versión del chico la ofreció cuatro años después[25]: "Al principio me costó mucho porque no sabía el idioma. Hablaba poco inglés y no tenía ningún compañero con quien poder conversar. A los tres meses me empecé a integrar gracias a que mejoré el castellano y vino mi madre para ayudarme. Durante un tiempo venía a Madrid cada fin de semana y luego ya cada dos semanas. He pasado momentos muy duros. No dejaba de tener trece años, pero ha merecido la pena".

---

25 https://www.realmadrid.com/noticias/2017/02/doncic-cumple-18-anos

Como a muchos extranjeros que vienen, le extrañaba muchísimo que en España se cene tan tarde. Él prefería hacerlo a las ocho, como en su país y en otros de Centroeuropa, pero tenía que resignarse a hacerlo más cerca de las diez. Miki Fons fue su compañero de habitación durante algún tiempo ("fue una época muy bonita que recuerdo con mucha alegría"). Alguna bronca les cayó por llegar tarde y por jugar al FIFA a deshora, aunque en el caso del videojuego era mejor dejar ganar a Luka por los enfados que se agarraba cuando no lo lograba. Otra de sus aficiones para las horas muertas era el billar, un deporte de precisión y puntería en el que también se necesita fuerza. Como el basket, claro.

La particular revancha de la Minicopa de Barcelona se produciría un año después, en 2013, en la cita esta vez disputada en Vitoria. Jugando contra chicos de su misma edad (¡por fin!), hizo sobre la cancha lo que quiso para, esta vez sí, llevarse el título. Aquello fue poco menos que un paseo: en los partidos de la fase previa, el Madrid *cerró acta* (se deja de apuntar cuando la diferencia llega a 50 puntos) ante Valencia (78-28), Bilbao Basket (73-23) y Gran Canaria (83-33), mientras que en la final el Barça, vigente campeón, también sucumbió con claridad (71-47).

Resulta chocante comprobar cómo Doncic, que estaba ya en el 1,87 de estatura, lideró la competición en promedio por partido de puntos (24,5), rebotes (13,0), asistencias (4,0) y robos de balón (6,0), además de lógicamente en valoración (38,5). Rompiendo constantemente a sus atónitos defensores, encestó un 65% de sus tiros de dos puntos y además se mostró bastante seguro desde la línea de tiros libres, a la que acudió a menudo como único recurso del rival para intentar frenarle (74%). Nunca el Real Madrid había inscrito su nombre en el palmarés de una competición que, fundada en 2004, se habían repartido Joventut y Barcelona hasta entonces. Algo estaba cambiando en la organización de la base del club, ya que, después de lo sucedido en la capital vasca, no volvió a perder un solo partido de la Minicopa hasta 2020 en Málaga[26], llegando a acumular seis títulos consecutivos.

En la plantilla blanca estaba Paco del Águila[27], que lo resume de un modo gráfico: "Todo el rato parecía que Luka era un sénior jugando contra infantiles. Era muy fácil jugar con él porque lo hacía todo y te daba el balón cuando ya estabas solo debajo del aro, aunque a veces te lanzase un pase por la espalda que no esperabas. No era nada egoísta porque, si hubiese querido, hubiese metido 60 puntos en cada partido, pero lo que le gustaba era hacer disfrutar a los demás. También se lo pasaba bien dando asistencias, reboteando... Aunque no hubiese partidos apretados y ganásemos la final de paliza, fue emocionante para nosotros simplemente por el modo en el que jugamos y porque el club no había ganado la Minicopa antes. El Barça contaba con muy buenos jugadores, pero lo tenía imposible contra alguien así". En cuanto a la personalidad de Luka, con el que

26 Derrota por 67-65 en la final ante el Barcelona.

27 Durante su etapa de formación fue conocido como "Paco Salvador". Con contrato en el Baxi Manresa de la Liga Endesa, la temporada 2019-20 la inició en el Barberá (Liga EBA) y la continuó en el Cáceres Patrimonio de la Humanidad (LEB Oro).

compartió techo en el SEK, comenta que "fuera de la pista era cariñoso con todos, humilde y tranquilo, pero dentro sacaba su carácter balcánico, aunque yo creo que era la mala leche normal de todos. Se frustraba más cuando fallaba él que cuando fallábamos los demás". Sus entonces compañeros ya comentaban que tenían al lado a alguien que "había nacido para ser lo que es, una estrella, porque solo pensaba en baloncesto", reitera Del Águila.

El canario Acoydán McCarthy fue el segundo mejor jugador del torneo en valoración (28,0) y anotación (22,3). Entonces militaba en el Gran Canaria, pero poco después pasaría al Real Madrid, que estaba decidido a recuperar la condición de mejor cantera del basket nacional captando a grandes promesas como él. "Luka era superior a todos. No había nadie que pudiese contenerle", dice McCarthy. "Su dominio era monstruoso y no se basaba desde luego en lo físico, porque el salto en ese sentido lo daría posteriormente. Nos mataba por talento", resume. Menos molesto que tenerlo enfrente resultó que fuese su compañero al cabo de unos meses. "Era muy sencillo porque te ponía el balón justo donde querías. Está haciendo ahora lo mismo que hacía cuando era pequeño. Va igual de sobrado que entonces. Es una pasada", analiza. Según él, lo mejor de su excompañero es que "es muy listo y constantemente sabe lo que va a pasar sobre la cancha". Formaron una pareja que causó el terror en categorías inferiores. "Perdimos un partido o dos por temporada como mucho", destaca. "Desde infantiles vimos que era alguien especial, que iba a llegar lejos, que era cuestión de poco tiempo que le llamasen para el primer equipo, por muy crío que fuese." McCarthy[28] se une a la visión general de que Luka era muy buen chaval y de que rara vez se enfadaba si sus compañeros, siempre inferiores a él, se equivocaban o no sabían seguir sus ocurrencias en la pista. Por lo que observó en la residencia en la que él también vivía, se trataba de un chico normal, ordenado, que se comía lo que había en el plato y no se acostaba especialmente tarde ni armaba jaleo.

En este retrato del adolescente Doncic hay otro testimonio clave. José Luis Pichel[29] le conoció especialmente bien y corrobora bastante la radiografía que McCarthy hace de él: lo entrenó durante sus dos primeras temporadas en Madrid (2012-13 en categoría infantil, incluyendo la segunda Minicopa, y 2013-14 en la cadete). Se sintió, proclama hoy en día, "un privilegiado". "Fue como un regalo del destino entrenar a un jugador de este nivel. Me exigía a mí mismo no fallar dentro de mis posibilidades. Estábamos ante un caso un poco diferente a todo lo que habíamos entrenado antes por muchas cosas", apunta.

Y es que quien trabajase directamente con un chico sobre el que se habían levantado tantas expectativas sufriría sobre sus hombros una indisimulada presión: había que forjarle en todos los aspectos para que sacase lo que ya se sabía que tenía dentro. Pichel, un observador profundo de lo que

---

28 En 2017 se marchó a la Universidad de Austin Peay, en el estado de Tennessee, pero jugó poco y regresó. En la temporada 2019-20 ha militado en el equipo de Tobarra (Albacete), en Liga EBA.

29 Desde la temporada 2018-19 es entrenador de las categorías inferiores del Fuenlabrada.

es la labor de la base, asume que "algunos aspectos desde fuera se veían de forma distinta respecto a lo que veíamos desde dentro y sabíamos que podíamos recibir críticas, pero eso no me afectó porque siempre fue una experiencia grata". A su favor estaba que Luka "era y es un jugador entrenable", considera. Se trataba de elegir bien los tiempos: "Cuando yo llevaba el equipo infantil también jugaba en el cadete, donde podía estar su nivel. Pero el club no quería que perdiese el contacto con gente de su edad, que pudiese hablar de las mismas cosas".

Pichel no detectó nunca "malas caras ni malos gestos. No castigaba ni con lenguaje corporal ni con palabras a los compañeros que tenían menos nivel" y sobre todo habla del chico como "un apasionado del baloncesto". "No creo que Luka considere que entrenar es trabajar. Su pasión por jugar es extraordinaria. Su hábitat es la pista. He visto mucha gente que trabaja tanto como él, pero no con ese talento. En baloncesto hay pocos precedentes así." En el interior del entrenador sí existía el convencimiento total de que enfrente tenía a una estrella de calado mundial. "Había que ser prudentes, lo que es una virtud cuando se trabaja con chavales. No se podía reconocer públicamente que era un caso superlativo. Otra cosa era que cuando llegases a casa, con tu mujer, se lo dijeses", cuenta. Es curioso imaginarle intentando convencer a su esposa de que día a día entrenaba a un niño que él consideraba ya destinado a convertirse en una auténtica leyenda.

Sobre la metodología que se siguió, indica que "el objetivo principal es desarrollar jugadores que puedan llegar al primer equipo del club, y para eso se necesitaba una planificación. No podíamos negar que era tan bueno. Y eso lo condicionaba. Teníamos que acelerar etapas porque, si no, le estábamos fallando. Hubiese sido una mala praxis. Cuando un jugador absorbe tantos conceptos tan rápido, no puedes parar, debes seguir empujando". Otra clave del éxito la ve en que "tenía un entorno bastante sano que no le permitió dejar de ser un chaval más en cierto sentido". Su liderazgo, según Pichel, no estaba basado tanto en el juego como en el trato humano: "Tenía muchos detalles y una gran inteligencia emocional. Sabía hacer sentir bien a los demás de forma muy natural. No necesitaba pensar cómo hacerlo. Resultaba especialmente cariñoso con los que menos jugaban y le caían bien. Les regalaba cosas que le mandaban a él las marcas y al final de los partidos solía ir a buscarles para decirles algo".

Miki Fons ya atisbaba en él el jugador que es ahora: "Está dominando los partidos igual que hacía en las categorías inferiores, leyendo cada situación a la perfección. Me alegro mucho por él, la verdad es que ha mejorado bastante en el tiro de tres y, evidentemente, también su forma física, lo que le convierte en un jugador imposible de parar".

Acababa su primera temporada en España y el Madrid, en su web oficial, alimentaba el aura casi épica que ya iba teniendo al atribuirle una frase de la que se echó mano durante años para definirle: "Cuando juego, mis sentimientos son los mismos que cuando estoy soñando".

QUEMANDO RÁPIDO ETAPAS CON DANI DE LA RÚA COMO 'CÓMPLICE'

En aquel 2013 de la Minicopa de Vitoria la expectación alrededor de Luka Doncic empezaba a ser notoria y, en esta *era de la información*, rápidamente se propagaba cada hazaña suya individual que terminaba casi siempre en victoria de su equipo: ganó también el Torneo Infantil Ciutat de L'Hospitalet (MVP incluido) y el Campeonato de España de la misma categoría. Hasta se permitió el lujo de ser nombrado mejor jugador en torneos cadetes como los de Budapest, Villa de La Laguna y Milán ante, otra vez, chicos mayores que él.

Una perspectiva interesante es la que ofrece Guille González: la del rival que lo ha padecido durante años. Él era un jugador referente de las categorías inferiores del Fuenlabrada con el que a menudo tenía que emparejarse. "Me tuve que medir con él muchas veces. Normalmente me encargaban defenderlo por mis características, y realmente era un suplicio porque nunca sabías por dónde te iba a salir exactamente. Si no te metía él la canasta, siempre encontraba al compañero mejor colocado. Así era realmente imposible", recuerda.

González también aporta que Doncic no era solamente un jugador ofensivo. "Cuando se ponía a defender, se mataba. Recuerdo una Final Four del Campeonato de Madrid cadete que se jugó en el Magariños, en la que lo tuvieron que cambiar porque, de tanta caña con la que se puso a defender, estuvo a punto de reventarse en una acción contra una valla. Fue increíble. Lo daba todo, no era el típico tío que atrás no hace nada para reservarse para el ataque". Lo curioso es que él mismo acabaría fichando por el Real Madrid, aunque no llegaría a coincidir como compañero con Doncic: en la temporada 2015-16 ambos estaban inscritos en el filial de Liga EBA, pero Luka no llegaría a ponerse esa camiseta porque ya estaba metido del todo en la dinámica del primer equipo. "No puedo presumir de haber sido su compañero, pero sí de haberlo defendido. O al menos haberlo intentado, claro", concluye sonriente.

Luka también pasó por las manos de *Yeyo* Vicente, técnico de la cantera del Madrid, que indica que "lo que tratábamos era enfocar su carácter. Era demasiado competitivo. Recuerdo la final del Campeonato de España cadete, en el que fue MVP y claramente el mejor jugador[30]. Perdimos contra el Barça y estaba realmente frustrado. Tuvimos que enfocar ese carácter tan competitivo en la buena línea. Era un ganador nato. En los momentos de máxima tensión, cuando te juegas todo, es el tío que nunca falla. Siempre está, siempre da la cara"[31].

30 Ocurrió en Guadalajara en junio de 2014. El Barça ganó al Real Madrid por 73-68 pese a la gran actuación de Doncic en la final (25 puntos, 10 rebotes y 27 de valoración).

31 *Gigantes del Basket* número 1.455.

A esas alturas de su vida ya estaba en ella Dani de la Rúa[32], uno de los mejores amigos que tuvo (y todavía tiene) en el baloncesto. Base de 1,81 y dos años mayor (nacido en Guadalajara en 1997), la conexión entre ambos fue estupenda desde el principio: "Estuvimos juntos casi cinco años. La primera vez que le vimos, nos preguntamos '¿quién es? ¿por qué ha venido aquí?' Pero se puso a jugar y ya nos callamos. Puede hacer lo que quiera".

De la Rúa afirma haber disfrutado mucho del baloncesto cuando coincidía con su colega en la pista, y eso que en cierto modo suponía que su papel de director de juego quedaba minimizado, por mucho que entonces Luka estuviese conceptuado como escolta o alero. "Le daba el balón para que lo subiese y yo descansaba. Y a continuación, él me lo daba a mí y descansaba él. Nos íbamos turnando. Así empezó a hacer de base porque él no lo era en principio. Es lo que pasó posteriormente en el primer equipo con Sergio Rodríguez y Sergio Llull, que terminaron compartiendo el puesto con Luka", analiza.

Se nota en él una auténtica pasión. "Cuando se quitó la timidez se convirtió en un cachondo. Hace amigos en todas partes, o simplemente se lleva bien con todos", resume. Eso sí, se resiste a ofrecer alguna historia de esas de *materia*

---

32 Oro en el Europeo U20 de 2016, De la Rúa tendría su pequeño momento de gloria debutando con el primer equipo del Real Madrid ante el Manresa el 31 de enero de 2016. Después ha estado en LEB Plata (Zornotza y Canoe), Oro (también Canoe tras el ascenso de 2018) y EBA (Azuqueca). Iniciada la temporada 2019-20 se incorporó al Jafep Fundación Globalcaja La Roda (LEB Plata).

reservada. "Es un chico tranquilo, eh, aunque es verdad que quizás hemos liado alguna por ahí", bromea. La relación es tal que en el verano de 2020 el jugador español espera poder aceptar la invitación de su amigo a acudir unos días a su hogar de Eslovenia. Al fin y al cabo, será la devolución de visita de las veces en las que el joven Luka estaba aburrido en la residencia del SEK y Dani se lo llevaba a su casa con el visto bueno de su madre.

Quizá por todo eso sus propios compañeros no le veían como una estrella, sino como un chaval más, aunque con una calidad inconmensurable. "Cuando siendo cadete subía con el equipo júnior le dábamos collejas y nos reíamos todos. Es un cacho de pan", narra De la Rúa. La escena conecta a la que se produjo en diciembre de 2019, cuando fue recibido así de *cariñosamente* por sus compañeros de Dallas Mavericks tras pasar dos semanas lesionado con un esguince de tobillo. "Tiene los pies en la tierra y gente que le sabe llevar. Además, ¡tiene novia! Eso te aleja de muchos jaleos, de gente que se quiere aprovechar quizás. Lo único que hace es baloncesto y jugar a la PlayStation, al Fornite", añade. La chica es Ana Marja Goltes, una modelo eslovena con la que Doncic lleva saliendo desde muy crío.

2013 y 2014 fueron años en los que hasta defendió los colores de la Comunidad de Madrid en los Campeonatos de España de selecciones autonómicas. El primero de ellos fue en la categoría infantil, con San Fernando (Cádiz) como sede en marzo. Muchas miradas se posaron en él, como era frecuente. Solo habían pasado siete meses desde su llegada definitiva a España, pero ya había arrasado en la Minicopa de Vitoria. "Puede jugar en cualquier posición. Es un chico que saca muchas ventajas para los demás. Es muy generoso y no ha venido a lucirse. Siempre busca al compañero. Hay muchas expectativas sobre él, pero al final son niños y lo que tienen que hacer es olvidarse de eso. No tenemos ninguna ambición ni con él ni con otro en el aspecto competitivo. Este campeonato es un gran esfuerzo de la Federación Española de Baloncesto, que lo ha sacado adelante para que ellos disfruten. Es muy completo. Es capaz de subir el balón, generar ventajas... y en defensa tiene muy buenas cualidades físicas que le permiten ayudar en el rebote. Es un jugador de mucha calidad, pero está aquí como un niño más", declaraba entonces Javier Zamora, seleccionador madrileño[33].

Madrid ganó el oro en el pabellón de Bahía Sur (24 puntos y 9,2 rebotes en 24 minutos de media para *Lukita*) en un emocionante choque ante Canarias (60-59). Repetiría un año después en Cáceres en el campeonato de categoría cadete. 21 puntos, 19 rebotes, 5 asistencias y 4 robos llevaron la firma del adolescente esloveno en la final ante Euskadi, cuando ni siquiera necesitó tener un buen día en el lanzamiento para manejar el choque (8/21 en tiros de campo). Su acelerón en el tercer cuarto derrumbó la resistencia de los vascos con 69-51 como resultado. El apoyo en la zona de otro madridista como Thiago Samba (23 puntos y 20 rebotes) fue fundamental.

---

33 http://www.feb.es/NoticiaDesarrollo.aspx?idNoticia=46954&keepThis=true&TB_iframe=true&height=650&width=850

Samba, un '5' senegalés con un físico exuberante, optaría por un camino distinto posteriormente: en 2017 se marchó a Estados Unidos, primero a un *high school* de Wichita (Kansas) y después a la Universidad de Charleston, en Carolina del Sur, donde tiene previsto agotar su formación hasta 2020 o incluso 2021. Los días en los que jugaba al lado de Luka los sigue disfrutando en su cabeza. "Le gusta mucho implicar a sus compañeros. Le va lo mismo anotar que asistir. Me acuerdo mucho de las competiciones en las que pude destacar gracias a él. Yo diría que nos ayudamos mutuamente", explica. Fuera de la pista, coincide en la visión sobre su excompañero que tienen los demás: "Era muy simpático y divertido. Le gustaba bromear siempre y también compartirlo todo. Las zapatillas que usaba en los partidos me las regalaba él". Espera ir a ver algún partido de los Mavericks cuando jueguen en su zona, probablemente cuando visiten a los Charlotte Hornets, ya que hasta ahora no ha podido hacerlo por los constantes viajes con su equipo.

Nueve de los doce jugadores de aquella selección madrileña de 2014 eran del club blanco. Uno de los tres que rompía esa unanimidad era Víctor Moreno, alero del Fuenlabrada[34]: "Hicimos un grupo muy bonito y Luka ya marcaba la diferencia. Éramos solo cadetes, pero se veía que tenía algo especial. Lo que le hacía diferente era su capacidad de entender el juego, la madurez inhabitual con la que jugaba. Iba un paso por delante de los demás. Si estabas solo, sabía que te iba a pasar el balón, y si el equipo necesitaba una

34 Temporada 2019-20 en el Basquet Girona.

canasta, la generaba él. Es lo que le vemos hacer cada noche ahora, pero incluso más sorprendente porque lo logró siendo muy joven".

Por su parte, el seleccionador, David Soria[35], destaca que la convivencia con Doncic fue "corta, pero intensa. Fue muy satisfactorio. Era un chico distinto al resto porque no es que tuviese talento, es que tenía talentos: de tiro, de pase, de ir al rebote con muchas ganas, de jugarse el balón en una situación igualada... y casi siempre acabando más en éxito que en fracaso. Quería ganar en todo. Personalmente, tras haber visto a muchos chicos de su edad, lo que más me llamaba la atención es su capacidad competitiva. Es un superdotado".

La vertiginosa evolución de Luka no pasaba inadvertida en Eslovenia, como expresa bien una entrevista publicada en febrero de 2015 por *Gigantes del Basket*[36] a Rasho Nesterovic, que se retiró en 2011 tras haber jugado 833 partidos en la NBA (campeón con los Spurs en 2005) y ejercía como secretario general de la Federación. Por entonces, el chaval todavía no había debutado en la Liga Endesa, algo que parecía reclamar abiertamente el expívot. "Es una liga muy dura. Podría empezar a tener algunos minutos para ver cómo se siente, le vendría muy bien. Para mejorar y que progresen jugadores cuando crees que están preparados como Luka, competir al máximo nivel en el país en el que juegue le exi-

---

35 En 2020 es el máximo responsable de las categorías de U12 a U16 de la Federación Española.

36 Número 1.433.

ge a hacer más cosas. Pero no hay nada más importante que ser una buena persona y no solo un gran jugador", le aseguraba a Esteban Novillo. No hablaba un cualquiera: en 1999, siendo muy amigo de Sasha Doncic, había sido escogido como padrino del bebé.

"Luka está llamado a liderar a la selección de Eslovenia durante los próximos diez o quince años. Con suerte y con él daremos un salto de calidad para luchar y estar más cerca de las medallas. Es una de las piezas que tenemos que sumar para ser un mejor equipo", comentaba en *modo profeta*. "Todavía es muy joven, está físicamente muy bien. Tiene tiempo de sobra para mejorar y perfeccionar todas sus habilidades. No le veo para una única posición, creo que puede jugar en cualquiera de las exteriores y se ajusta perfectamente a todas", añadía sobre su ahijado.

En la catarata de elogios que le dedicaba, apuntaba que "hay jugadores que marcan sus tiempos más rápido y parecen más maduros en la pista cuando todavía son jóvenes. Puede aprender mucho no solo de los entrenadores, sino de jugadores con experiencia. En el Real Madrid, por ejemplo, de Sergio Rodríguez u otros como Rudy Fernández o Nocioni. Tiene un talento fuera de lo normal para crecer y convertirse en una superestrella, no solo en Europa sino también en la NBA. No va a tener límites si trabaja duro. Va a aprender en la medida que él trabaje. Es un líder en la cancha por la manera que tiene de moverse y de comportarse. El entrenador, sus compañeros y los rivales... todos lo saben".

Lo cierto es que Eslovenia como país había disfrutado a esas alturas muy poco de su juego. En verano de 2014 fue seleccionado para competir en la División B del Europeo de categoría sub-16, pero se vio obligado a renunciar por una lesión en el tobillo. Sí que estuvo en diciembre de aquel año con ese mismo combinado nacional en un torneo amistoso en Szekesfehervar (Hungría), donde simplemente se dedicó a ser él mismo: 35,3 puntos y 7,6 rebotes de media con altísimos porcentajes de tiro (81% en los de dos puntos y 57% en triples). República Checa, Polonia y Rumanía fueron los machacados rivales, siendo especialmente llamativo lo ocurrido ante los rumanos: 34 puntos y 9 rebotes en 15 minutos. Un abuso con todas las letras, pero no volvería a vestirse de verde para defender a su patria hasta 2017 con el oro en el Eurobasket absoluto.

Aparte de la entrevista a Nesterovic, en aquel mismo ejemplar de *Gigantes* se dedicaban dos páginas más a un tema relacionado con Doncic. Era un reportaje conjunto sobre su padre, Sasha, y otros dos progenitores de promesas del basket balcánico que militaban en el Barcelona: Zoran Peno (de Stefan[37]) y Chamil Djedovic (de Nedim[38]). Todos coincidieron en el Torneo Júnior de L'Hospitalet en el que Luka no logró el MVP[39], pero sí fue campeón y máximo anotador aún en edad cadete. "Con seis años ya tiraba tri-

---

37 Llegó a debutar con el primer equipo del Barcelona, pero en 2017 se marchó al Alba de Berlín, donde permanece.

38 Hermano del también jugador Nihad, su carrera está transcurriendo por ahora en equipos de la LEB Oro (Barcelona B, Araberri y, en la 2019-20, Levitec Huesca).

39 Fue nombrado Blas Mecicek, escolta zurdo del Olimpia de Liubiana que en la temporada 2019-20 milita en el KK Mega Basket serbio.

ples cuando los niños de su generación ni siquiera llegaban al aro. Con siete ya empezaba a hacer conmigo clases de conocimiento táctico. Estoy orgulloso de su carrera. Todo va por el buen camino. Fichar por el Real Madrid fue una decisión muy acertada", decía Sasha.

La leyenda ya resultaba imparable.

UN CRÍO EN LA EBA... Y EL NAUFRAGIO DE COÍN

AQUELLO EMPEZABA A COGER UN RITMO vertiginoso, por mucho que a veces, según ha terminado confesando, hubiese deseado ser "un adolescente normal". En la temporada 2014-15 Luka todavía era cadete de segundo año, pero no jugó nunca en esa categoría. Militó al mismo tiempo en dos equipos distintos que tenían una configuración similar: el júnior del Real Madrid y el sénior filial de Liga EBA, la cuarta categoría nacional, en el que estaban la mayor parte de sus compañeros júniors. El objetivo era que cogiesen experiencia y acumulasen muchos minutos sobre el parqué para que creciesen. La dirección de ambas escuadras se le otorgó a Paco Redondo, un entrenador de enorme prestigio en categorías de formación que un año antes había llegado al Madrid procedente del Joventut, con el que había ganado la Euroliga júnior de 2013. Era la primera vez que lo lograba un equipo español[40].

"Mi recuerdo de Luka es parecido dentro y fuera de la pista. Es un chico extrovertido jugando, con mucho impacto, y también tiene la cualidad de liderar grupos, de dominar personas, en el buen sentido de la expresión. Le gusta ser el referente. Ser el pequeño de todos los grupos humanos de

40 82-59 en la final al Barcelona con Alberto Abalde como MVP.

los que ha formado parte también le ha ayudado muchísimo a su personalidad. Su grado de madurez y de vivencias aumentó a un ritmo diferente al de chicos que tienen un proceso natural normal", indica Redondo. Nadie ha compartido más tiempo con él en un vestuario. Y es que su conocimiento de Luka es muy profundo y no se limita a la formación, ya que en 2015 sería ascendido a entrenador ayudante del primer equipo, en el que ambos siguieron manteniendo una complicidad que se gestó en entrenamientos que a menudo eran a las siete de la mañana, justo antes de que los chicos acudiesen a clase. A esas horas es casi normal que apareciese el Doncic más remolón, uno de esos raros momentos en los que no se volvía loco por abrazarse a la pelota. "Es verdad. A él le costaba despertarse con energía a veces. Se levantaba sin peinar y teníamos que decirle algo, pero a nivel de trabajo no te daba ningún problema. El baloncesto era su vida y se ponía rápidamente las pilas", recuerda sonriendo Redondo.

Pese a haber trabajado con él durante cinco años consecutivos, el técnico se confiesa impresionado por el impacto continuado y profundo que está teniendo su expupilo en la NBA. "Creía que iba a ser un jugador importante en la mejor liga del mundo, donde hay unos físicos y un juego brutal, pero no tanto como lo que está logrando. El juego de Luka es muy europeo y podía tener un cierto hándicap con el tiro. Tengo que reconocer que no me esperaba que en su segundo año promediase prácticamente un triple doble."

Empezaba una aventura nueva y puede que hasta morbosa. Doncic debutó contra *hombres* en el grupo B de la EBA ante el Eurocolegio Casvi el 11 de octubre de 2014 a la edad de 15 años, 7 meses y 12 días. Lo hizo con el 17 a la espalda y no fue titular, pero jugó 23 minutos (9 puntos, 3 rebotes y 2 asistencias) y los suyos ganaron con aparente facilidad (58-83). En aquella plantilla había tres jugadores en edad júnior que con el tiempo han terminado asentados en la Liga Endesa: Santi Yusta[41], Jonathan Barreiro[42] y Emanuel Cate[43]. Acabaría siendo campeona de grupo con un balance notable (21 victorias y 5 derrotas), pero en la fase de ascenso solo ganaría uno de sus tres encuentros. En todo caso, subir no era desde luego la meta y lo más probable es que se hubiese renunciado a la plaza en LEB Plata.

"Tuvimos la suerte de formar un gran grupo de amigos que hacían lo que más les gustaba y se divertían haciéndolo. Sin duda esa fue una de las claves. Con respecto a Luka, ya el año anterior empezó a entrar en la dinámica del equipo y por su forma de ser, tan natural, tuvo una gran acogida. Era uno más", recuerda Guille Mulero[44], uno de los componentes de aquella escuadra de chavales que se desdoblaba de un modo frenético. Es un alero dos años mayor que Luka.

A Mulero, "por suerte o por desgracia", le tocó defender a Doncic prácticamente a diario en los entrenamientos. "Esto me hizo darme cuenta de lo bien que interpretaba el juego. Siempre me dio y me sigue dando una sensación de que es el más listo de los diez que hay sobre la cancha. A ni-

41 Real Madrid (2013-15 y 2017-19), Obradoiro (2015-17) e Iberostar Tenerife (2019-20).

42 Real Madrid (2013-14) y Zaragoza (2016-20).

43 Baloncesto Sevilla (2015-17) y UCAM Murcia (2018-20).

44 En el Real Murcia (LEB Plata) en la 2019-20.

vel humano destacaba por su alegría jugando al baloncesto. Nos la transmitía a todos y a día de hoy me la sigue transmitiendo como aficionado. Era un jugador especial, distinto a todo lo que había visto, y una persona con los pies en la tierra. No ha parado de sorprendernos."

Pese a ser un *teenager* en una competición como la EBA, en la que se enfrentó a oponentes que le doblaban la edad, firmó unos promedios de 13,5 puntos, 5,9 rebotes y 3,1 asistencias en 28 minutos (24 partidos). El todavía quinceañero se marcó algún que otro día tremendísimo. Por ejemplo, volar a Tenerife parecía dársele especialmente bien: 26+9+3 en la pista del Náutico y 22+7+7 en la del McDonald's Santa Cruz. El primero de estos dos encuentros fue épico: el Náutico ganaba por 10 puntos a falta de apenas dos minutos y Luka les soltó a sus compañeros que estaban en pista: "Tranquilos, que ganamos". Metió tres triples consecutivos subiendo él mismo el balón tras el rebote y le dio la vuelta al marcador de forma épica (72-77 tras un 10-30 de parcial en el último cuarto). "Según acabamos ese partido, en el bus de vuelta al hotel, recuerdo apostar una cena con Pablo Rodrigo, otro de los jugadores del equipo, a que Luka iba a acabar siendo All Star de la NBA. ¡No pensé que la fuera a cobrar tan pronto! Esa cena será a la salud de Luka", ríe Mulero.

Se dieron otras situaciones increíbles, casi de récord. El caso extremo se produjo cuando se midió en dos ocasiones a David Ajero[45], que cumplía con el Comivar Rivas

45 Hermano del periodista José Ajero, un clásico en la sección de baloncesto de Movistar+.

su decimoséptima campaña en la Liga EBA, siempre en equipos madrileños. Casi 24 años de diferencia había entre las fechas de nacimiento de dos tipos que llegaron a emparejarse sobre la pista: 28/2/1999 uno y 15/5/1975 el otro. 15 contra 38. En el encuentro de la primera vuelta entre Madrid B y Rivas, el chico hizo 17 puntos (5/7 en triples) ante sus atónitos rivales. "Teníamos preparado defenderle saltándole en el *pick and roll* que solía hacer con Cate. Yo lo hice perfectamente, pero él se paró a nueve metros del aro, tiró y nos la clavó. Miré al entrenador encogiéndome de hombros, como diciéndole que qué podía hacer ante eso", narra Ajero. "El *scouting* señalaba que todavía no tenía un tiro estable y que le faltaba tren inferior. Pero ni por esas. Yo era un jugador duro, que no sucio, y me tiré quizá cinco veces encima de él. Al final nos machacó igual", añade. El filial blanco ganó el primer partido por 58-82 en el Cerro del Telégrafo y el segundo por 76-54 en el Valle de las Cañas, a tres días de que un Luka más contenido (7 puntos y 4 rebotes) cumpliese los dieciséis. A veces disputaba dos partidos el mismo sábado, uno por la mañana y otro por la tarde, con el desafío que eso suponía.

Ajero reitera que la galopante fama de Doncic le precedía ya: "Fue todo un acontecimiento que visitase Rivas. Vino mucha más gente de lo habitual. Por ejemplo, mi suegro era abonado del Fuenlabrada, que jugaba aquel día en casa, pero prefirió acudir a nuestro partido. Y mi padre, madridista y que ya estaba muy malito y no pudo venir, me lo advirtió antes en plan broma: 'Ten cuidado lo que haces con Luka'". Algún día podrá contarle a sus nietos que lo tuvo enfrente en una categoría amateur dentro de una lista que incluye la versión juvenil de otros futuros NBA como Sergio Rodríguez ("el que más me ha impresionado"), los hermanos Hernangómez, Joel Freeland, Lucas Nogueira y Bismack Biyombo.

No todo fue gloria para Doncic, que tenía que probar en sus carnes aquello que de la victoria se disfruta y de la derrota se aprende. Hubo un día en el que merece la pena detenerse. En el estreno de la reseñada fase de ascenso a Plata se produjo el que, salvo catástrofe futura, pasará a la historia como el partido más aciago de cara al aro de toda su vida, al menos a nivel estadístico. Algunos de los que acudieron el 22 de mayo de 2015 al pabellón Municipal de Coín (Málaga) lo hicieron quizá con la esperanza de ver en acción al que empezaban a llamar *Wonderboy (Chico maravilla)*. Si así fue, de allí debieron salir con una decepción gigantesca: Luka fue titular ante el Aquimisa Laboratorios CBTormes y estuvo en pista durante 34 minutos, pero solo anotó uno de los 17 tiros que lanzó. Fue una terrorífica serie de 1/8 en tiros de dos puntos y 0/9 en triples, a lo que hay que añadir que metió uno de los dos tiros libres que intentó. Poco importó que acumulase 6 rebotes y 5 asistencias, porque el Madrid B perdió en la prórroga ante el equipo de Salamanca, que no volvería a ganar en la fase (80-77).

Alberto Alonso, un experimentado alero de 1,95, secó de modo inmisericorde a la ahora megaestrella. "Ellos eran muy superiores a nivel técnico y sobre todo físico, pero preparamos mucho el partido. Sabíamos qué tipo de juego hacía Luka y, sobre todo, que era un chico de mucha calidad, pero todavía inexperto, quizás con algo de soberbia aún, que tendía a ofuscarse si no le iban saliendo las cosas. Así que Alberto le defendió fuerte, le retó mucho, le sacó de quicio. Y él picó, que es algo que posteriormente ya no le ha vuelto a pasar apenas porque está claro que ha aprendido. Cuanto más fallaba, más tiraba", desvela Óscar Núñez, el entrenador del Aquimisa. Según sostiene, no hubo violencia ni actitudes antideportivas para lograr lo que hoy en día parece un imposible.

El propio Alberto Alonso rememora la que ha sido quizás la gran anécdota de toda una vida en canchas modestas: "Mis amigos dicen que soy como Coyote Dax[46]: que vivo de un solo éxito. En realidad fue todo una casualidad porque yo creo que es el peor partido de su carrera". Su versión es que, aunque no fue titular, ya en la charla previa al partido, en un hotel de Benalmádena, su entrenador le asignó un marcaje que podía ser clave. "Pensé que me tocaba bailar con la más fea. Le defendí bien, pero fue un trabajo de equipo. Estuvimos todos muy enchufados", apunta. La idea era dejarle un poco de espacio para que tirase "porque si me pegaba a él, estaba claro que me iba a romper por velocidad. Es cierto que le sacamos del partido ayudados también porque varios triples se le salieron de dentro". Inevitablemente, saltaron chispas entre dos jugadores con trece años de diferencia: "Después de otro de sus fallos le dije: 'No metes ni una, eh' y él me respondió 'Cállate, gilipollas'. No le doy importancia. Es algo normal en el contexto de un partido y más con un chico de esa edad con lo que le estaba ocurriendo". La única canasta de Luka fue, cree recordar, "en un contra-

46 Cantante mexicano famoso por *No rompas más (mi pobre corazón)*.

ataque, con un gesto técnico increíble, entrados ya en el tercer cuarto". Tras la prórroga, en la que Alonso también fue determinante sumando 8 de sus 10 puntos totales, no se llegaron a dar la mano, siempre según el jugador español: "Fue a saludar a todos los de mi equipo menos a mí".

Guillermo Mulero, que aquel día jugó 8 minutos sin llegar a anotar, también lo recuerda bien, pero hace una lectura algo distinta. "Luka no estuvo acertado en los tiros, pero no jugó un mal partido. Hizo una gran defensa sobre el mejor jugador rival y valoró positivo (1) pese a hacer ese porcentaje de tiro. Pero sí, claro. Tenía dieciséis años, algo que él mismo nos hacía olvidar al verle jugar así", apunta. Para otro componente de la plantilla júnior/EBA como Ignacio Ballespín, que ya había sido compañero de Doncic en la primera Minicopa de Barcelona, "lo que pasó ante el Aquimisa sucedió en varios partidos más. Recuerdo especialmente uno en Pozuelo. Era una manera de intentar pararle: querían sacarle de quicio de una manera no deportiva. No era solo ir agresivo contra él o simplemente intentar hacerle falta. Había muchas cosas verbales de por medio. A medida que fue creciendo, eso lo transformaba en competitividad y creo que le ha terminado ayudando".

Los jóvenes madridistas levantaron cabeza el día siguiente ante el anfitrión Coín (67-81 y un discreto Luka anotando 8 puntos saliendo del banquillo), pero en el tercer choque volvieron a fallar ante el histórico L'Hospitalet[47] (65-70, otra

47 Jugó seis temporadas en la máxima categoría del baloncesto nacional (193 partidos en total) y hasta ganó una Copa (1949).

vez 8 puntos del esloveno). En los catalanes jugaba Edgar San Epifanio[48], el hijo de una auténtica leyenda del basket español, Juan Antonio San Epifanio *Epi*. "En los partidos previos lo veías y tenía un toque especial. Visión de juego, pases y capacidad para entender el *pick and roll* especialmente avanzada para la edad que tenía. Cuando lo tuvimos en contra, su presencia en la pista se hacía notar mucho. Lo defendí buena parte del partido y recuerdo que los pases en la continuación del bloqueo y la distribución era la propia de alguien con muchos años de experiencia en sénior. Atraía defensas y mucha atención, que liberaban tiros abiertos, espacios y movilidad en el juego", apunta Edgar. También ofrece una posible clave para explicar que el Madrid B no pudiese lograr el objetivo: "Creo que esa temporada, como también estaba en el júnior, debió disputar unos 65-75 partidos, por lo que llegó a ese momento con mucho lastre físico. Aun así, era capaz de generar ventajas para todos, tanto para él como para sus compañeros".

En el vestuario, Doncic se había ganado a todos por su comportamiento. "En el filial estábamos dos veteranos, Pablo Rodrigo y yo. Con cualquier consejo siempre te hacía caso, nunca te debatía. Todo el mundo veía lo que pasaba con él. Viéndolo en la pista, nadie podía pensar que tenía quince años", dice David Marina, un experimentado alero que se había mantenido varios años en este equipo para

48 Escolta de 1,98 nacido en 1986, llegó a disputar once partidos en la Liga Endesa entre las temporadas 2008-09 y 2009-10. En la 2019-20 continúa en activo en el CB L'Hospitalet.

darle algo de poso a la juventud predominante. "Hay más faltas, más contactos. Se juega peor. Cuanto más arriba es mejor baloncesto. Él compaginaba la liga júnior con el EBA, pero le gustaba competir con gente más mayor", añade. En similares circunstancias, Marina había compartido filial blanco años atrás con Nikola Mirotic, pero observa diferencias. "Niko era muy bueno, pero no era lo mismo que Luka", remarca.

Por su parte, para Mulero, "jugar en Liga EBA fue clave en ese momento: nos ayudó a prepararnos física y mentalmente para el final de temporada y nos hizo competir a un gran nivel cada fin de semana". Ballespín tercia que ya entonces Doncic se había consolidado como un completo obseso de la canasta: "Vivía por y para el baloncesto y le fastidiaba mucho perder, aunque fuese solo en los entrenamientos".

Ahora, en lo que parece su sino, Doncic se sigue midiendo a jugadores que son mucho mayores que él. Se las tiene que ingeniar para compensar ese déficit en experiencia, no caer en las provocaciones, imponer su habilidad y su ritmo. El caso más radical, aunque no tanto como el reseñado de David Ajero, es el de Vince Carter, que el 26 de enero de 2020 cumplió 43 años luciendo la camiseta de Atlanta Hawks. Luka alcanzó los 21 apenas un mes después, el 28 de febrero, y resulta aterrador darse cuenta de que todavía no había nacido cuando Carter debutó en la NBA con los Toronto Raptors (temporada 98-99). Casi nada.

DIECISÉIS SEGUNDOS PREMONITORIOS

AQUELLA MISMA TEMPORADA 2014-15 se empezó a ver claro que el chico iba a derribar las puertas del primer equipo de una patada o, simplemente, a base de inteligencia y destreza. Cuando le llamaron para entrenar por primera vez con los mayores no se lo creía, sobre todo porque el jugador que más cariñosamente le trató fue el que más le gustaba en la pista. "Tengo un gran recuerdo de ese día. Cuando llegué al primer entrenamiento él me ayudó y me dio consejos. Le defendí y recuerdo que estaba muy ilusionado. Todos me ayudaron desde el primer día a integrarme, pero Llull ha sido quizás el que más", dice[49].

Su estreno en partido no oficial se produjo el 7 de septiembre de 2014 en un amistoso disputado en el Palau d'Esports de Son Moix, en Mallorca, ante el Palma, entonces en LEB Plata. Buena parte de los jugadores del Madrid estaban disputando el Mundial de España, y Doncic y varios júniors fueron reclamados para firmar una trabajada victoria (76-82)[50]. Él consiguió 4 puntos en un día en el que no fue el joven que más destacó. Ese papel correspondió a

49 https://www.realmadrid.com/noticias/2017/02/doncic-cumple-18-anos.

50 Destacaron los 28 puntos de Jaycee Carrol y los 15 de KC Rivers.

Andrés Rico, 11 puntos y 5 asistencias. "Fue el debut de los dos, la primera vez que jugamos con el equipo de ACB. Para todos los chavales que fuimos resultó increíble. Nos sentimos muy a gusto jugando con gente muy buena. Éramos unos críos, pero acabó saliendo bien", recuerda.

Tres años compartió vestuario con Luka: "Era increíble lo que hacía. Lo que más destacaría de él, aparte de lo obvio de que es un talento, es su competitividad. Si hacíamos físico, tenía que ser el primero. En los partidillos, era seguro que el equipo en el que él estaba tenía que ganar. Entrenaba más que nadie". Base de una gran visión de juego habitual en las categorías inferiores de la selección española, prometía muchísimo, pero tuvo que dejar el baloncesto profesional por una grave lesión y se centró en los estudios. En la temporada 2019-20 *mata el gusanillo* todavía en EBA en el club que empezó en minibasket, el Distrito Olímpico. Al menos sí llegó a disputar 21 partidos en la Liga Endesa con el Gipuzkoa Basket (temporada 2015-16).

Aquel verano de 2014 también se produjo un momento que sería importante para Luka, aunque él todavía no lo sabía. El Atlético de Madrid fichó procedente del Benfica al portero Jan Oblak, un compatriota que había pasado por la sección de fútbol del Olimpia de Liubliana justo en la época en la que Sasha Doncic estaba en la de baloncesto. Pese a la diferencia de seis años de edad entre ambos, con Luka hizo muy buenas migas y resultó frecuente verles juntos por Madrid, sobre todo de cena si alguno de los dos acababa de hacer un buen partido. A ninguno le importó que se pudiese interpretar mal que fuesen tan amigos pese a pertenecer a dos clubs habitualmente rivales. "Todos lo entienden al ser eslovenos los dos", comentaba Luka cada vez que se le cuestionaba por esto en la prensa de su país, en la que Bostjan Nachbar había contado que no podía acudir a los partidos del Sevilla al Sánchez Pizjuán desde que el Betis tomase el control del club de baloncesto de la ciudad. Una vez, hasta publicaron un vídeo en el que Luka y Jan fabricaban un *alley-hoop* en una canasta instalada en el patio de la casa del por entonces rojiblanco Antoine Griezmann. El mate lo culminaba Oblak, al que, midiendo 1,88 y siendo balcánico, talento baloncestístico seguro que no le falta.

Varios pasos se iban dando hacia lo inevitable, hacia lo que empezaba a ser un clamor, porque muy pocas veces una promesa ha recibido tal atención por parte de los medios y de la afición sin haber pisado aún la élite. En la sexta jornada de la Liga Endesa, con quince años y ocho meses, un esguince de última hora de Gustavo Ayón animó a Pablo Laso a convocar a Doncic para el partido ante el Fuenlabrada. De nuevo con el número 17, no llegó a saltar a la pista, probablemente porque el triunfo *merengue* no se decidió hasta el último momento (94-96).

Enfrascado en la doble batalla de cada fin de semana con el EBA y el júnior, tendría que pasar un tiempo para que el mágico momento se produjese por fin. Lo hizo ya cumplidos los dieciséis (con dos meses y dos días) y ayudado por las lesiones de Jaycee Carroll y Salah Mejri, que le permitieron estar en la lista de doce inscritos ante el Unicaja. En la jornada 29 (30 de abril de 2015), el Real Madrid superaba con claridad al conjunto malagueño (89-71 era el resultado en ese momento) y el todavía cadete, otra vez con el número 17 en la camiseta, fue requerido para disputar los últimos 1:28 de partido ante la ovación generalizada del WiZink Center, el Palacio de los Deportes de la calle Goya *de toda la vida*. Lo anecdótico es que no fue Pablo Laso el que ordenó directamente el cambio por KC Rivers, ya que anteriormente había sido descalificado al serle señaladas dos técnicas. Luego dejó claro que era algo que estaba previsto si el partido iba bien. "Yo le dije que saliese con confianza, que si veía el aro, que tirase", contó tiempo después Zan Tabak, por entonces uno de sus asistentes del técnico vitoriano.

Tabak no coincidió mucho con Doncic, ya que el siguiente verano firmó como primer entrenador del Fuenlabrada, pero tiene mucho que decir desde la legitimidad de haber jugado con Toni Kukoc en la Jugoplastika de Split (tres Copas de Europa consecutivas entre 1989 y 1991) y Drazen Petrovic (plata en Barcelona-92), además de 247 partidos en la NBA (1994-2001 con Houston[51], Toronto, Boston e Indiana). "Hay jugadores que ves enseguida que tienen algo especial en cuanto a lectura de juego, de *basketball IQ*. Su toma de decisiones es increíble. La primera vez que le vi no podía creer que era un niño. Como con Toni y con Drazen, y también con Sasha Djordjevic, con el que también jugué,

---

51 Fue el equipo que le escogió en la segunda ronda del *draft* (número 51 de 1991). Promedió solo 4,9 minutos por encuentro, pero ganó la NBA en su temporada *rookie*, la 94-95. Fue el segundo europeo en lograrlo tras el checo Richard Petruska el año anterior, también con los Rockets.

en su caso se junta un talento extraordinario con unos hábitos de trabajo que no son normales, una gran perseverancia día a día. Además, el carácter que tenemos en los Balcanes nos ayuda a que se nos dé bien el baloncesto", disecciona.

Tuvo algo de premonitorio lo que pasó con el primer balón que cogió Doncic en el lateral tras un pase de Sergio Rodríguez: se elevó ante los 2,09 de Kenan Karahodzic y clavó un triple que desató el júbilo generalizado. Dieciséis segundos de baloncesto profesional y ya tenía el mundo a sus pies, o casi. 92-77 acabó el choque. Luego realizó una breve declaración: "Estoy muy contento y doy gracias al club y a los compañeros por hacerme disfrutar. Estoy muy orgulloso". Felipe Reyes ejerció de perfecto Nostradamus: "Tiene mucha clase, es un chaval que va sobrado con los de su edad y en los mayores. Creo que muy pronto le vamos a ver en el equipo. Es trabajador y ya si lo juntas todo eso hace que tenga mucho futuro".

Desde la tribuna de prensa lo vio Mariano Galindo. "Había mucha expectación para ver si debutaba. Cuando el Madrid iba sacando ventaja iba creciendo el runrún para que lo hiciese. Digamos que hubo un *silencio ruidoso*, mucho *ojo con lo que viene*. Nadie se preguntaba quién era Doncic porque todo el mundo le conocía. Fue el primer pasito para un ascenso meteórico. Todos pensábamos que aquel chico que acababa de meter un triple nada más salir sería carne de NBA y que se iba a marchar cuando cumpliese la edad mínima, pero nadie creía que fuese a dominar la competición tan pronto", reflexiona el redactor de *nbamaniacs*. Un poco como a Frederic Weis con el *mate-póster* que le hizo

Vince Carter en la final de los Juegos de Sydney-2000, a Karahodzic[52] no parece que le hiciese gracia pasar a la historia como protagonista secundario de una jugada icónica: ha sido una de las pocas personas que ha renunciado a colaborar en este libro.

Aquello le convirtió en el jugador más joven en debutar con el Real Madrid y tercero en la historia de la Liga desde que hay registros, en 1983, solo superado por Ricky Rubio (14 años, 11 meses y 24 días con el Joventut ante el Granada) y Ángel Rebolo (15-3-7 con el Breogán en Valencia)[53]. Posteriormente, Carlos Alocén, del Tecnyconta Zaragoza y futuro fichaje del Real Madrid, sacaría a Doncic de ese podio virtual (justamente 15 años y 10 meses). Casualidades de la vida: aquello también fue en el WiZink (30 de octubre de 2016).

Roberto Núñez asegura que está contento por haber cedido su récord de precocidad en estrenarse con el Madrid a favor de alguien como Doncic. El 30 de diciembre de 1994, Zeljko Obradovic le dio los últimos 4:19 de un partido que se estaba resolviendo de paliza ante el Joventut[54]. Tenía 16 años, 7 meses y 30 días. "No puede ser más honor que una estrella te quite un título así, al que yo no le presentaba una especial dimensión. Cuando a mí me pasó, fue como un tsunami, una felicidad para la que no estás preparado", sostiene. Lee este

52 Empezó la temporada 2019 en el Estela y la terminó en el Marbella, ambos de LEB Plata.

53 Después de aquello, ocurrido en 1990, apenas volvió a jugar profesionalmente, agobiado por la presión. Vive en Madrid y trabaja en el departamento de ventas de un concesionario.

54 92-60 fue el resultado final.

tipo de momentos como "un premio a un júnior que ayuda en los entrenamientos, en los que haces un poco de *sparring*. Los minutos que te dan te saben a gloria y pasan muy rápido", al menos en su caso. "No es lo mismo que lo de Doncic, que siempre ha tenido un aura. Es una cosa espectacular. Está elegido para hacer lo que está haciendo", añade. Núñez, que tuvo una larga carrera en varias categorías incluyendo 52 partidos en ACB, fue nombrado viceconsejero de Deportes de la Comunidad de Madrid en 2019.

No sería la única intervención de Luka a las órdenes de Laso aquella campaña: disputó 2 minutos ante el Obradoiro (jornada 31ª), 5 en Vitoria (33ª) y 11 y 5 en los dos partidos de la serie de cuartos de final ante el Herbalife Gran Canaria. En uno de ellos recibió una falta bastante dura de su futuro compañero *Edy* Tavares que levantó al público de sus asientos. Estuvo mucho más tímido que en el debut a la hora de mirar al aro: solo encestaría una canasta de dos (de dos intentos), aunque sí iría a la línea de tiros libres cuatro veces (tres aciertos).

No dejaba de tener poco más de dieciséis años y costaría remover los roles de un equipo que estaba en un momento apoteósico: al poco tiempo se proclamó campeón liguero en el Palau Blaugrana tras un rotundo 3-0 ante el Barcelona y también de la Euroliga, jugando en el Palacio de los Deportes, ante el Olympiacos (78-59). No estuvo convocado, pero Doncic gozó el doble un título que se le resistía al club desde 1995[55], cuando Zeljko Obradovic, Arvydas Sabonis y

55 73-61 ante el Olympiakos en la Final Four de Zaragoza.

Joe Arlauckas se aliaron con un grupo de obreros cualificados (Javier García Coll, Isma Santos, Pep Cargol...) para batir también al equipo de El Pireo en Zaragoza. El Madrid de Laso tenía por fin su cetro continental después de dos finales perdidas consecutivas ante el propio Olympiacos y el Maccabi (2013 en Londres y 2014 en Milán).

Y es que aquella misma mañana del 17 de mayo de 2015, Luka protagonizó otro hito en el idéntico escenario: la victoria en la Euroliga júnior[56] ante el Estrella Roja (73-70), con nuevo MVP suyo (14 puntos y 11 rebotes): "Fue una final increíble, un partido muy duro. Sufrimos muchísimo ante un gran equipo. Recuerdo a toda la gente animando, la primera vez que vi algo así. Disfruté muchísimo"[57]. El Madrid nunca había ganado ese título y no volvería a hacerlo hasta 2019 (95-76 al KK Mega Bemax con Mario Nakic como MVP). Lo de sus compañeros mayores también le iluminó el alma: "Me alegré mucho por todo el equipo, por los entrenadores y los responsables"[58].

Después alcanzaría logros más importantes, y los que le quedan, pero para compañeros suyos como Guille Mulero será seguramente un hito insuperable, un obsequio del baloncesto que quizás no hubiesen tenido nunca sin Luka: "Fue el día más bonito de mi vida dentro de una cancha de baloncesto. De película. La mitad del equipo habíamos per-

---

56 Oficialmente, Euroleague Basketball Next Generation Tournament.

57 *El futuro es ahora*.

58 https://www.realmadrid.com/noticias/2017/02/doncic-cumple-18-anos

dido justo un año antes la final de este mismo torneo también ante el Estrella Roja[59]. Ganarlo en Madrid, con nuestras familias en la grada, fue increíble, y sobre todo ganarlo junto a mis compañeros, mis amigos. Solo al recordarlo ya se me pone la piel de gallina".

Felipe dos Anjos, el pívot brasileño que había sido, apenas tres años antes, otro de los invitados en la Minicopa de Barcelona, participó del título continental saliendo desde el banquillo. Su visión sobre nuestro protagonista resulta inmejorable. "A Luka se le veía cara de niño, pero luego jugando apreciabas mucho su madurez. Se notaba mucho su dominio de los partidos. No fue MVP por casualidad. Tenía una calidad inmensa y te olvidabas de que todavía era cadete y que jugaba contra júniors. Sabíamos que iba a llegar lejos", dice. Sobre todo valoraba de él "su capacidad de ver bien el campo le daba ventaja sobre los demás". "Creo que le ayudó tener un padre que jugó al baloncesto", aventura, considerándole "un gran compañero" porque "siempre ayudaba a todos". "Los piques con él eran los normales. Es un tío que me cae genial, una muy buena persona. Sabía que iba a hacerlo muy bien, pero es que está siendo brutal. Me sorprende por un lado, pero por otro no, porque sé cómo trabaja todos los días", ascvcra.

Otro de los interiores era Emanuel Cate, que agradece especialmente la recepción que tuvo por parte de Doncic cuando llegó a Madrid en abril del 2013 desde Rumanía. "Era mi primer año en España. Fue de los primeros a los

59 55-42 en Milán.

que me encontré. Siempre estaba con una sonrisa y disfrutaba mucho jugando. Con personas así me resultó más fácil adaptarme", recuerda. La final ante el Estrella Roja la sitúa en "un día increíble" porque "luchamos mucho para conseguirla. Era un todo o nada". "Luka nos ayudó a ganar dentro de un gran grupo. Aquel día todos aparecieron." Según el pívot rumano, a su excompañero "le salía todo muy fácil. Nunca sentía la presión y su baloncesto fluía. No era que le hubiesen enseñado, es que resultaba algo natural. Alucinábamos con él. Yo creo que nació para hacer esto". Su visión es que el esloveno perfeccionó su juego gracias a "mejorar mucho su tiro desde entonces. Tenía mucha confianza, pero es que ahora ya está en otro nivel. Además, maduró en todas las facetas: defensa, lectura de juego, rebote. Lo hace todo bien. Eso sí: nos está sorprendiendo un poco a todos. Sabíamos que iba a ser un gran jugador, pero no pensé que iba a hacerlo todo a este ritmo tan rápido".

Muchos menos apuros había habido una semana antes de la Euroliga para ganar la final del Campeonato de España júnior al Joventut en Torrejón de Ardoz. El 97-57 de la final es suficientemente explícito, incluyendo el triple doble de Luka: 15 puntos, 12 rebotes y 15 asistencias (47 de valoración) en 27 minutos. Y eso que enfrente había jugadores que alcanzarían la Liga Endesa, como Nenad Dimitrijevic o Xabi López-Aróstegui. A Paco Redondo se le intuía como uno de los hombres más felices del mundo por poder trabajar con semejante jugador. "Está siendo una temporada superespecial. Ya no es ganar, sino cómo lo estamos haciendo. Estamos viviendo una temporada diferente de un grupo de jugadores que tienen esa magia", declaraba al final del encuentro a Real Madrid TV.

Ya nunca más volvería a jugar en equipos de base, pese a que todavía le quedaban los dos años de edad júnior. Atrás quedaba una etapa de formación clave en su carrera y a la que le está muy agradecido: "La cantera del Real Madrid es increíble, una de las mejores del mundo. Están haciendo un trabajo espectacular y me lo pasé muy bien. El éxito es trabajar duro. Fueron unos años muy buenos y coincidí con grandes compañeros. Siempre he jugado con gente mayor que yo y creo que es bueno porque te enseñan muchas cosas, te ayudan y te apoyan, y eso te hace mejor jugador"[60].

Se avecinaba un verano importante. Luka nunca se relaja.

60 https://www.realmadrid.com/noticias/2017/02/doncic-cumple-18-anos

DEL VERANO DE KORVER A ASENTARSE EN EL PRIMER EQUIPO (MIRIBILLA POR MEDIO)

El verano de 2015 fue importantísimo. Aunque le costó tomar la decisión, Luka renunció a jugar con Eslovenia, que pretendía meterlo en la selección sub-20 pese a estar cuatro años por debajo de la edad límite. Hasta Jure Zdovc, la leyenda que ejercía como técnico del equipo nacional absoluto, tenía en sus planes incluirlo en una amplia lista de preselección con el objetivo de evaluar sus habilidades. Con solo cinco partidos oficiales disputados con el Real Madrid hasta entonces, no podía garantizarle un puesto en la relación definitiva que acabaría disputando el Eurobasket[61], pero quién sabe lo que hubiese pasado.

Sus asuntos había empezado a llevarlos BDA Sports, una gran empresa internacional de representación[62], con el exjugador Quique Villalobos[63] ocupándose directamente de él.

---

61 Eslovenia fue eliminada en octavos de final por Letonia (73-66). Solo tres jugadores (Jaka Blazic, Sasa Zagorac y Klemen Prepelic) estarían en el equipo que ganó el oro dos años después.

62 Entre sus representados más famosos estuvieron en el pasado Steve Nash y Yao Ming.

63 Fue profesional desde 1983 al 2000, incluyendo tres años en el Real Madrid (1989-92). Caracterizado por su estilo espectacular, fue ocho veces internacional.

Como el mundo del baloncesto es a veces tan pequeño, se da la circunstancia de que fue compañero de Drazen Petrovic durante la temporada 1988-89. Millán Cámara le pidió que comparase a ambos en un reportaje para *El Español* publicado en 2017: "Drazen era buenísimo, pero tenía una forma de juego muy diferente. Era un anotador compulsivo, saltaba a la yugular. Si te podía meter 60 puntos, te los metía. Luka no quiere meterte 60. Quiere ganarte. Si puede ser, metiendo puntos, pero también pasando a sus compañeros e involucrando a todo el mundo. En lo personal, Drazen era una persona muy tímida en lo que es la vida fuera del baloncesto. Era reservado, estaba en su casa y no socializaba mucho. Luka es una persona sociable, sale, entra, habla... Creo que está haciendo cosas superiores a las de Petrovic con dieciocho años, pero antes teníamos menos información. Ahora todo el mundo lo ve: redes sociales, televisiones... Si Petrovic tuviese dieciocho años y existiese en esta era, a lo mejor hubiese tenido este impacto", respondió.

Otra persona importante en BDA, Alyson Furch, llevaría sus relaciones con la prensa. A través de la agencia que fundó Bill Duffy se marchó a Estados Unidos para mejorar su tiro exterior con, entre otros, Kyle Korver, un hombre al que se acabaría enfrentando en la NBA. Aparentemente, fue apostar sobre seguro. Korver es uno de los mejores lanzadores de la historia con casi 2.500 triples anotados en diecisiete años de carrera y un porcentaje que ronda el 42% de aciertos. Lo que le distingue sobre todo era lo que buscaba el jovencito esloveno: armar rápido el brazo y al mismo tiempo mejorar su fiabilidad. Añadir amenaza desde lejos a su privilegiada visión de juego le convertiría en un superhéroe sin grietas, al menos en lo que se refiere al juego ofensivo.

Y es que Doncic no quería convertirse en uno más, en una de esas promesas que se acaban asentando en la élite, sí, pero tocando techo más pronto que tarde. Ni siquiera buscaba ser solo una estrella a nivel europeo, algo que podía estar tentado a pensar porque con sus cualidades de aquel momento ya lo tenía a su alcance. Se evaluó a sí mismo e invirtió tiempo y esfuerzo en los días que pasó en Estados Unidos junto a Korver, que aquella temporada (2014-15) había terminado con un estratosférico 49,2% jugando para Atlanta Hawks. "Necesitaba mejorar el tiro y lo conseguí. Fue una experiencia importante para mí porque pude entrenar con uno de los mejores tiradores de la NBA. El tiro es muy importante y noté que tenía que lanzar más rápido. Si no lo haces, tienes encima al defensor y pierdes la ventaja", terminaría contando años después. También se metió considerables sesiones de gimnasio con el fin de mejorar un físico que iba cambiando inevitablemente. Cada año desde que había llegado al Real Madrid había ganado un mínimo de tres o cuatro centímetros de estatura.

Korver no fue su único maestro en este concepto. También acudió a entrenar en Santa Bárbara (California) a la academia P3 Sports Performance bajo la supervisión Mike Penberthy, que tuvo una mínima carrera en la NBA[64] pero que posteriormente, y tras varios años jugando sobre todo

64 56 partidos en dos temporadas con los Lakers, con los que se proclamó campeón en 2001 sin debutar en los *playoffs*.

en Italia, se convirtió en un *gurú* de la técnica de lanzamiento. A él recurrieron otros profesionales como Ricky Rubio en su momento, y los propios Lakers le incorporarían al principio de la temporada 2019-20 para su cuerpo técnico. Tanto le gustó a Doncic su forma de enseñar que el verano siguiente repetiría.

"Luka tiraba torcido, girado, y necesitaba cuadrarse más de frente a la canasta para tener más precisión. También, al tirar, el balón salía desde los dedos equivocados, y eso lo corregimos. Su mecánica tiene que ser más rápida, pero irá mejorándolo gradualmente, no será algo instantáneo. Lo será de forma natural. También trabajamos en su juego de pies, en crear espacios, en lanzar saliendo de bloqueos y tiros desde distancias más largas. Y todos los días acabábamos jugando un *HORSE*, en el que se le prohibía hacer mates. Lo más importante para un jugador es que ame su profesión, y él lo hace. Si trabaja duro y sigue desarrollando su físico, puede ser todo lo bueno que quiera", contaría en diciembre de 2016 Penberthy en *Gigantes del Basket*[65].

También hubo tiempo para la diversión aquel verano, para ir familiarizándose con un país que tarde o temprano sabía que le acogería. Los fines de semana, cuando no estaba entrenando en Santa Bárbara, viajaba a Los Ángeles acompañado de su madre y su novia. Sentía ya mucha fascinación por la cultura norteamericana y, en un reportaje para *ESPN*, contó que hasta se desplazó a Venice para estar en el sitio donde se ambientó la serie *Los vigilantes de la playa*.

---

65 Número 1.455.

Tampoco faltaron las compras en Rodeo Drive ni las fotos en Hollywood Boulevard. Estaba deseando conocer Nueva York después de verse casi de una tacada las diez temporadas de *Friends*. Por entonces estaba sumergido en *Cómo conocí a vuestra madre*.

Cuando regresó de su verano con Korver, Penberthy y las pesas no es que fuese otro jugador, porque conservaba intactos los valores que le habían encumbrado ya como el mayor proyecto europeo desde Nemanja Alexandrov[66]. Pero sí había mejorado ostensiblemente y Laso, con el visto bueno de la cúpula del club, quedó cautivado ya para siempre. De forma consensuada con el responsable de la sección de baloncesto, José Ángel Sánchez, y *los Albertos*, Herreros y Angulo, máximos responsables a nivel técnico, decidió meter otra marcha en la carrera de Doncic, que se convirtió en algo así como un reto muy personal para él. Era júnior de primer año y se le inscribiría en el filial de Liga EBA, pero no jugaría en ninguno de los dos equipos. Semejante joya había que pulirla y al mismo tiempo disfrutarla en la primera plantilla. ¿Qué mejor manera de hacerlo?

Era ya un fijo con los mayores. "Se lo dijeron a mi representante y él fue quien me llamó. Yo estaba de vacaciones y cuando me avisó ya tenía muchas ganas de volver para empezar a trabajar con ellos. Estaba muy ilusionado. Son muy buenas personas y me han ayudado. Creo que me gané

66 Ala-pívot serbio de principios del siglo XXI sobre el que se llegó a decir que acabaría siendo número 1 del *draft*. Las lesiones ralentizaron su carrera. Llegaría a jugar unos pocos partidos en el Basquet Manresa en 2013.

su respeto desde el primer día y eso es importante. Ellos son grandes estrellas y tenía que ser muy fuerte para ganarme su respeto", recuerda[67]. Nadie discutió aquello porque todo el mundo estaba deseando verle ante los mejores y al lado de los mejores. El Madrid era campeón de Liga y Euroliga y tenía en sus filas a una colección tremenda de exteriores (Rudy Fernández, Sergio Rodríguez, Sergio Llull, Jaycee Carroll...), pero siempre habría hueco para alguien así... si se lo ganaba en el día a día, porque si algo quedó claro durante aquellos años es que Laso no le regalaría nada. Con Facundo Campazzo cedido al UCAM Murcia, empezó como tercera opción en el puesto de base, pero echaba una mano como escolta e incluso como alero alto.

Pidió y le dieron su número favorito: el '7'. Como todo, tiene una explicación: "Lo llevo por Spanoulis. De pequeño siempre ha sido mi ídolo. ¿Por qué? En los momentos más importantes se echa el equipo a la espalda"[68]. El escolta del Olympiacos lo agradeció pasados los años y tras sufrirle y disfrutarle enfrente: "Me enorgullece haber inspirado a chavales como él. Va bien al rebote, defiende, tapona, asiste y tiene buen tiro. Es un líder. Es único para su edad. No encuentras un jugador así ni una vez en diez años. No tiene límites. Lo lleva en la sangre. No te haces líder, naces siéndolo. No es fácil convertirse en un líder. Nació para jugar al baloncesto y divertirse".

67 https://www.realmadrid.com/noticias/2017/02/doncic-cumple-18-anos

68 *El futuro es ahora.*

Pero no había que olvidar que todavía estaba lejos de la mayoría de edad. La campaña anterior, Ioannis Bourussis, el pívot griego, se había ocupado de llevarle a los entrenamientos en coche. "Debemos ayudarle a que siga creciendo como jugador. Esperamos que también pueda ayudar al equipo. ¿Lo mejor? Su madurez para la edad que tiene y la capacidad para jugar en diferentes posiciones, lo que nos permite alternarle y que sea compatible con cualquiera de nuestros exteriores." Así hablaba de él Pablo Laso el 30 de septiembre rodeado de una nube de micrófonos.

La realidad fue bien tozuda desde el principio, dando ya que hablar con una canasta desde detrás del tablero *a lo Larry Bird* en un amistoso veraniego ante el Unicaja. En la ida de la Copa Intercontinental frente al Bauru brasileño solo estuvo en pista 6:53, pero en la vuelta alcanzó los 16:20. Todavía era algo reticente a mirar a canasta, anotando solo los 4 puntos del segundo partido en el que el Madrid confirmó el título (91-79 tras la derrota por 91-90 en el primero). Ambos choques se jugaron en Sao Paulo. Y el 8 de octubre de 2015 se enfrentó por primera vez en su vida a un equipo de la NBA, los míticos Boston Celtics, que ganaron en Madrid por 96-111[69]. Luka consiguió 1 punto, 4 rebotes, 1 asistencia y 1 tapón.

En el segundo partido liguero ya alcanzó los 22 minutos en cancha ante el Gipuzkoa (10 puntos y 4 rebotes). Su primera gran tarde llegaría poco después, en la octava jornada,

69 Increíblemente, el mismo resultado que se produjo en 1988 entre ambos equipos en el Open McDonald's disputado en Madrid.

cuando con 16 años y 6 meses fue decisivo en la victoria a domicilio ante el Bilbao Basket (92-99). Atónitos dejó a todos en Miribilla: 15 puntos, 6 rebotes y 4 asistencias para 22 de valoración en 22:12 minutos en pista, incluyendo varias acciones decisivas en los últimos instantes. "Ha sido mi mejor partido, pero sin estos compañeros no lo hubiera hecho. Son increíbles. Me ayudan todos los días, tanto en la pista como en los entrenamientos, motivándome mucho. Me siento bien en el equipo y tengo que aprovechar a tope cada oportunidad que tengo. Laso me dice que juegue como sé hacerlo"[70], indicó tras aquello. Sus compañeros alucinaban con él. "Los tiene bien puestos", decía en plan coloquial uno de sus mejores colegas en el vestuario, Willy Hernangómez. "Ha metido unos canastones increíbles. Yo no me fijo en la edad de las personas sino en cómo son. Y eso es lo que más me llama la atención de Luka, que es humilde y que solo quiere trabajar para mejorar", terciaba Felipe Reyes. Laso aseguró que lo sucedido no le "había sorprendido porque le veo todos los días. Es un chico de dieciséis años, pero porque lo sabes. Si no, no pensarías que los tiene porque es muy centrado". A mediados de los 90 él había compartido equipo en el propio Real Madrid con el jugador con el que más se le comparaba por entonces, Dejan Bodiroga[71]. Y pa-

70 https://www.marca.com/2015/12/02/baloncesto/acb/1449047343.html

71 Ocurrió durante toda la temporada 96-97 y la primera mitad de la 97-98 bajo la dirección de Zeljko Obradovic. El Madrid solo ganó una Recopa en ese tiempo y la falta de minutos llevó a Laso a marcharse al Cáceres iniciada la 97-98.

recía estar de acuerdo con el símil "por físico, por su visión de juego, por leer los espacios, por hacer cosas defensivas por inteligencia, ofensivas por calidad técnica...".

Aquel 29 de noviembre de 2015 estaba en el Bilbao Basket nada menos que Raül López, el tercer jugador español en pisar la NBA tras Fernando Martín y Pau Gasol, disputando 113 partidos con los Utah Jazz entre 2003 y 2005. Con 35 años y mil batallas en sus piernas, captó enseguida a la *hidra* que se le puso delante. Es una obviedad decir que sabe de lo que habla. "Todos los que le llevábamos siguiendo un poco conocíamos el potencial que tenía. Le habíamos visto en la Minicopa y en algún campeonato así. Prometía, pero es de estos jugadores que hasta que no los ves en directo no sabes lo buenos que son. Todos hemos coincidido con jóvenes de mucha calidad, pero en su caso, en el momento en el que te enfrentas con él por primera vez, ves claro que es distinto, sobre todo por el modo de estar en una cancha de baloncesto, que a su edad no era nada fácil", asevera el *Mago de Vic*. También exmadridista (2000-02 y 2006-09), considera "un error muy grande" que Doncic no fuese escogido como número 1 del *draft*. "Todos los que le vimos jugar en Europa sabíamos que lo haría bien desde el primer día. ¿Tan bien? No lo sé, pero sí que sería un jugador importante." Su reflexión es que "los americanos tienen la sensación de que lo mejor está allí, y seguramente así sea. Siempre ven lo de fuera de Estados Unidos de un modo diferente, pero poco a poco se van dando cuenta de que hay jugadores especiales en todos lados. Alguien como Doncic aparece una vez cada mucho tiempo".

Desde luego, los bases de la Liga Endesa tenían un serio motivo de preocupación ya. Su estatura, ya cerca del 2,01 oficial que alcanzaría, era todo un problema, como narra Albert Sabat[72], entonces director de juego en el Obradoiro. "Lo que me sorprendió de él es que era muy grande. Se había hablado de él y le habíamos estudiado, pero es que luego en la pista le vi enorme y, pese a ello, botaba perfectamente. Su evolución ha sido impresionante, dominando muchas facetas del juego siendo muy joven. Ya es uno de los mejores del mundo", comenta.

Los demás equipos empezaban a preocuparse. ¿Cómo defender a un '1' de dos metros que te la podía clavar desde su casa? Omar Cook[73] tuvo una idea en *su* primera vez: "Presionarle para que soltara el balón pronto". Pero Luka tiene memoria: "La siguiente vez, lo que hizo fue llevarme al poste bajo constantemente. Es muy grande y muy inteligente. Lo compruebas enseguida". Pese a todo, Cook no creía que lograría un éxito tan rápido en la NBA, una competición en la que él no logró asentarse, disputando 22 partidos entre las temporadas 2003-04 y 2004-05 con Portland y Toronto. "Sabía que sería un gran jugador allí porque el juego es diferente, más abierto, con más espacios, lo que favorece la creatividad. En Europa es un juego más cerrado. Pero para nada esperaba que estuviera entre los cuatro o cinco candidatos a MVP en su segundo año."

72 En el Basquet Girona (LEB Plata) en la temporada 2019-20.

73 Entonces en el Estudiantes. En el Gran Canaria en la 2019-20.

Albert Oliver, el jugador más veterano de la Liga Endesa 2019-20 con casi 42 años en las filas del Coosur Betis, también lo sufrió desde que se midió a él por primera vez, estando aún en el Gran Canaria: "Se le veía mucho talento a pesar de su juventud. Entendía muy bien el juego y podía hacer muchas cosas. Siempre me acuerdo de unas declaraciones de Laso que me impactaron: antes de debutar en la Euroliga, con dieciséis años, ya aseguraba de Doncic que estaba preparado. Eso no es fácil, pero luego ya se vio que era totalmente cierto".

Rodrigo San Miguel, entonces en el Iberostar Tenerife, se confiesa "sorprendido" por ver a alguien tan joven "adaptándose tan rápido al máximo nivel". "Cuando veías a un chico de dieciséis-diecisiete años enfrente, decías: 'A ver si le puedo apretar, ponerlo nervioso'. Lo intenté, pero vi que no era alguien normal. La tranquilidad con la que era capaz de manejar todo eso y además en el Madrid me impactó", señala. Internacional en categorías inferiores, no pudo evitar acordarse de sí mismo con la misma edad: "No tenía nada que ver. Lo normal en esa circunstancia es salir a no cometer errores, que no se te notase mucho. Lo de Luka era a otro nivel. En las siguientes temporadas, con diecisiete y dieciocho años, ya era uno más en una plantilla de superjugadores. Nadie se daba cuenta de que era un niño". A nivel técnico, lo que más le gusta de él son lo que se llaman los *timings*. "Dicen de él que es lento, y no lo es. Es capaz de jugar con unos ritmos y unos cambios de velocidad que son espectaculares. No cambia de rápido a superrápido, sino de lento a un poco más rápido y eso le es suficiente para que, ayudándose de su cuerpo, pueda hacer muchas cosas. Es un grandísimo pasador, pero anotando es espectacular. Su entendimiento del juego es brutal. Le sale solo. Es innato. Pese a todo, me gustaba jugar contra él. Siempre es bueno enfrentarse a los mejores", apostilla. Guillem Vives, del Valencia Basket, revela su primer recuerdo sobre Doncic: "Gente del Joventut ya me dijo que había un chico que dominaba las categorías inferiores y que se parecía a Ricky Rubio. Después se ha visto que tenían toda la razón del mundo. Ya veníamos avisados".

El chico tuvo, como es lógico en alguien de su edad, sus *dientes de sierra* en la rotación de Laso, que no llegó a ponerle nunca como titular aquella temporada. "Me está pasando todo muy rápido", asumía Luka. Por ejemplo, no le vio lo suficientemente maduro como para darle más de 4 minutos en su primer partido contra el Barcelona (decimotercera jornada, derrota blanca por 84-91), pero a continuación tuvo algún que otro encuentro en los que rondó los 20. En todo caso, no volvería a firmar los mismos números que en Bilbao.

Eso sí, los títulos iban cayendo. En febrero de 2016 sí superó la marca de Ricky Rubio y se convirtió en el jugador más joven de la historia en ganar una Copa del Rey (16 años y 11 meses), pese a que su protagonismo en La Coruña fue escaso (2 minutos y 3 puntos en los cuartos de final ante el Fuenlabrada y 7 y 0 en la final contra el Gran Canaria). Sí tuvo más de cancha en los *playoffs*, en los que el Madrid eliminó a UCAM Murcia (2-1) y Valencia Basket (3-1) antes de batir de nuevo al Barça en la final con el factor pista en contra (1-3).

Fue una época en la que Andrés Nocioni tuvo una gran influencia sobre él, casi como un mentor. "Mi experiencia con *Chapu* fue increíble. Me ha dado muchos consejos. Es uno de los más grandes en el baloncesto y como persona. Aprendí muchas cosas", puso de relieve Luka en la biografía del argentino. En diciembre de 2019, el propio Nocioni habló en el diario digital *Infobae* sobre la especial relación que mantuvieron. "Enseguida me di cuenta que Luka era un jugador distinto, especial, con mucho futuro. Y me acerqué de entrada para hablarle, básicamente para decirle que no solo de talento se puede vivir y que había que meterle cosas que son determinantes: disciplina, trabajo, el cuidado del cuerpo, la nutrición, el ir agregando cosas al juego...", comentó. Llega a desvelar que "le protegíamos mucho. Yo siento que fui como su padre. Le quería y sabía, además, que nos iba a ayudar a ganar. Madrid te distrae, más para un chico rubio, figura, de veinte años, pero Dallas y la NBA distraen mucho más. Ojalá nada le saque de su enfoque". Su visión es que Luka "tiene una personalidad extrovertida, muy divertida, pero a la vez es muy maduro, más que nada por haberse rodeado de más grandes. Yo trazo un paralelismo conmigo, que también crecí entre mayores. Hablas con Luka y parece mayor, incluso un viejo, pero tiene veinte años. Su techo depende de él. Para mí puede ser la superestrella extranjera más grande de la historia".

En la Euroliga[74], a un nivel más exigente casi siempre, Laso le dio menos protagonismo. Solamente diez partidos de liga regular y dos de *playoffs* con 11 minutos de media

74 Sasha Doncic llegó a jugar una temporada esta competición, la 2007-08, con el Olimpia. Solo fueron 13 partidos con un promedio de 2,7 puntos.

(tres menos que en la Liga Endesa). Tras debutar ante el Khimki, en su segundo encuentro en la máxima competición continental, frente al Estrella Roja, protagonizó un *highlight* premonitorio: un *stepback* para anotar un triple a una pierna *estilo Dirk Nowitzki*. Y poco después anotó tres triples en dos minutos en la pista del CSKA de Moscú con Milos Teodosic, otro de sus ídolos, quedándose boquiabierto. "Es uno de los jugadores más complicados de defender. Además, siempre me he fijado en él como jugador cuando era pequeño y la verdad es que jugar contra él estuvo muy bien", asegura sobre el serbio[75].

Que el vigente campeón se quedase fuera de la Final Four, eliminado por el Fenerbahce, resultó un golpe duro porque el baloncesto que hacía el equipo era reconocido unánimemente como espectacular. Y en una época tan dorada como la que atravesaba la sección, tras haberse ganado de nuevo el respeto de los aficionados, era obligado pillar todos los títulos que hubiese en juego. Hacía falta rearmarse. El mejor fichaje para lograrlo estaba en casa.

75 https://www.realmadrid.com/noticias/2017/02/doncic-cumple-18-anos.

APRENDIENDO A HABLAR EN PÚBLICO… Y A PERDER

Temporada 2016-17. Doncic continuaba siendo júnior y teniendo ficha del filial de EBA, pero nadie se acordó de eso. Había llegado al primer equipo para quedarse e ir aumentando su protagonismo con su ya característico tono entre lo salvaje y lo armónico. La nueva campaña le aguardaba con un desafío en cierto modo inesperado: Sergio Rodríguez había decidido volver a la NBA, fichado por los Sixers, lo que liberaba unos valiosos minutos en la posición de base. Pero que nadie olvide que nuestro chico no alcanzaría la mayoría de edad hasta el 28 de febrero de 2017, pasado el ecuador de la campaña. Poco tardaría en sacarse por fin el carnet de conducir para moverse con un Porsche Panamera azul. Hubo además otro cambio importante: Mirjam se mudó a España para estar más cerca de él. Ambos se fueron a vivir a una casa en una urbanización al norte de la capital.

El 3 de octubre de 2016 se enfrentaba por segunda vez a un equipo de la NBA como Oklahoma City Thunder, que caía en Madrid por 142-137 tras prórroga. Dispuso de 18 minutos para conseguir 3 puntos, 5 rebotes y 4 asistencias. No se le vio incómodo ante el desafío físico, seguramente el aspecto que más se cuestionaba de él en aquel momento. El evidente aumento de su masa corporal, fruto de sus horas de gimnasio, había llevado a cierto debate: ¿estaba perdiendo explosividad? Laso le cuidaba, pero al mismo tiempo le apretaba, como bien indica un dato: tardó nada menos que 52 partidos en otorgarle su primera titularidad en la Liga Endesa (octava jornada de la temporada 2016-17 ante el Iberostar Tenerife, 13 de noviembre). Pero ya entonces era una pieza más que consolidada, principalmente como director de juego, aunque también actuando al lado de Sergio Llull o Dontaye Draper.

Un poco antes, el 29 de septiembre, había llegado un momento muy esperado: por primera vez salía a una rueda de prensa a exponerse a las preguntas de los periodistas con motivo del choque ante el Unicaja. Hasta entonces, el Real Madrid le había protegido de los micrófonos, tratando de evitarle momentos incómodos en los que podría pecar de novato. Pese a ello, su español ya era muy bueno, cumpliendo a la perfección el tópico de que los balcánicos lo aprenden enseguida y con mucha riqueza de vocabulario, tacos incluidos. No dijo gran cosa aquel día más allá de que Laso no le había pedido "nada concreto" y que estaba "dispuesto a hacer lo que el entrenador quiera. Trabajar más duro, lo que haga falta". Sostenía que todavía no había "hecho nada" y que a los partidos salía "sin presión, a disfrutar y a hacer lo que sabemos".

Posteriormente, el 10 de octubre, la primicia de hablar con él cara a cara la obtuvo José Ramón de la Morena en su programa *El Transistor*, de Onda Cero. Tan descarado en la pista, fue un enorme contraste comprobar que aquella noche Doncic se quedaba corto en las palabras, incluso respondiendo con un "sí" o un "no" algunas de las cuestiones que le planteaba el periodista. "Todavía no estoy en el mun-

Imágenes de Doncic en su infancia, con la pelota como eterna compañera.

Celebrando con su padre, Marko Milic y Goran Dragic, entre otros, la liga con el Olimpia en 2008.

Con sus padres, el día de su despedida antes de incorporarse al Real Madrid.

En la Minicopa de 2012 en Barcelona (Víctor Carretero/ Real Madrid).

En acción en Minicopa de 2013 en la final ante los azulgranas (acb Photo).

MVP en Vitoria (acb Photo).

Cortando la red en Cáceres tras la victoria en el Campeonato de España de selecciones cadete en 2014 (foto FEB).

Felicitado por Paco Redondo tras el Campeonato de España júnior de 2015.

Con el equipo campeón de la Euroliga júnior (foto FEB).

Justo tras su triple en su debut ante Unicaja (acb Photo / Ángel Martínez).

Con Kyle Korver en verano de 2015 (Instagram @lukadoncic).

Recibiendo instrucciones de Pablo Laso.

En la derrota de la final de la Liga 2016-17 ante Valencia Basket (acb Photo / J.M. Casares)

Inauguración del Campus Doncic con la presencia del presidente esloveno, Borut Pahor, en junio de 2017 (sportsevents.es).

Con Ivo Daneu,
otro mito esloveno.

Lanzando en la semifinal ante España
en el Eurobasket'2017 (FIBA).

Celebrando el título con Eslovenia (FIBA).

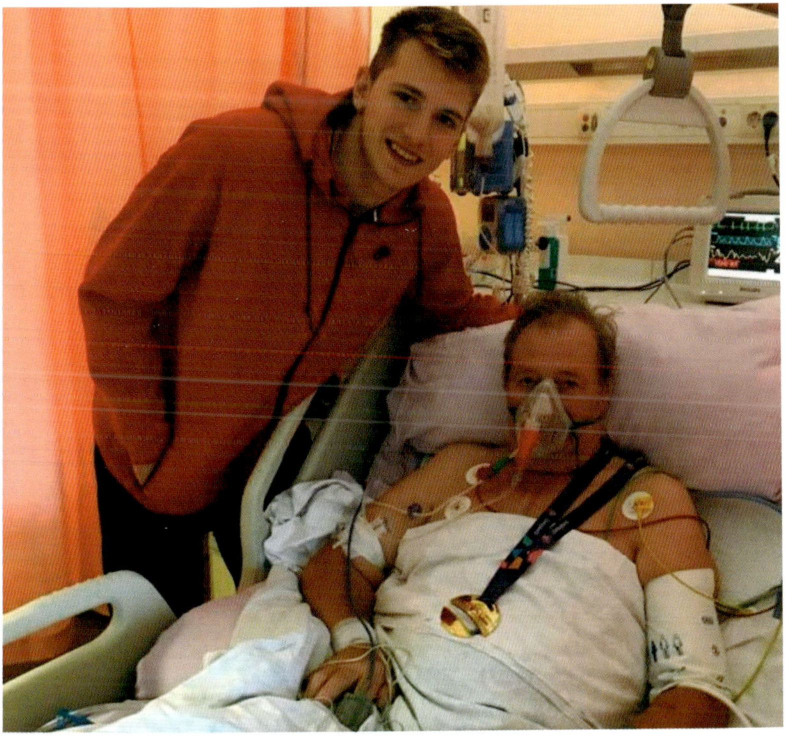

Visitando a su abuelo materno tras el oro (Instagram @lukadoncic).

Espectacular salto desde el banquillo para festejar la Euroliga 2018.

El día del triple doble ante el Betis (acb Photo/V. Carretero).

Último partido con el Real Madrid (acb Photo/ A. Arrizabalaga).

Con el comisionado de la NBA, Adam Silver, y la gorra de los Hawks en el draft.

Traspasado inmediatamente a Dallas, con cuya camiseta posa junto a su madre.

Feliz en el debut con los Mavericks.

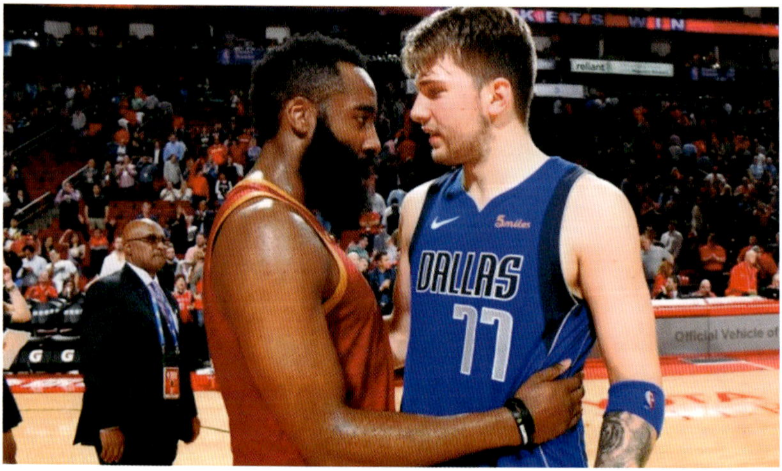

Respetado inmediatamente por los 'grandes' de la NBA, como James Harden.

En el 'Rising Stars Challenge' de Charlotte en 2019.

Nombrado
rookie
del año.

Entrando a canasta ante LeBron James en su segunda temporada.

Bromeando con Kobe Bryant pocas semanas antes de su muerte.

Tributo en las zapatillas a Bryant y al resto de los fallecidos en el accidente.

Tras lanzar el triple que anotó desde medio campo en el 'Rising Stars' de Chicago'2020.

En su primer All Star Game.

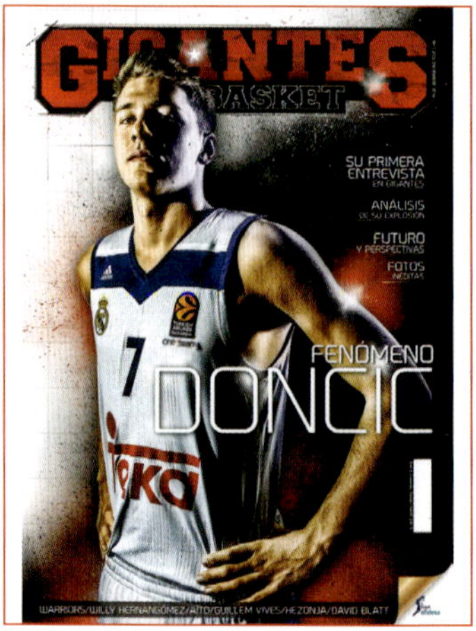

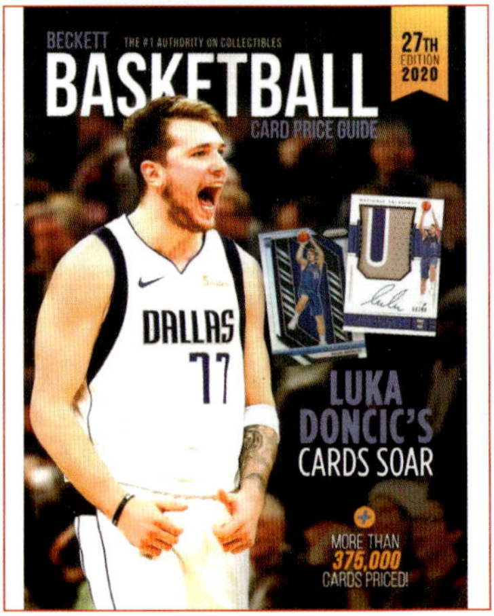

Portadas protagonizadas durante los últimos años.

do de la prensa. No tenía ideas previas sobre ello. Al principio todo es difícil, pero ya me iré acostumbrando", reconoció. Se le planteó un tema que no fue muy lejos, como la posibilidad de que hubiese elegido ser internacional con España en lugar de con Eslovenia, y salió como pudo: "Cada uno quiere jugar para su país y yo quería jugar con Eslovenia. Creo que es lo correcto". Asumía que, siendo estudiante de 2° de Bachillerato, iba al colegio "cuando podía" y que lo que se le daba mejor eran las Matemáticas. "Lo peor es Historia, porque hay que estudiar mucho", lamentaba. Se confesaba aficionado a los libros sobre deportistas como Zlatan Ibrahimovic, Cristiano Ronaldo o Pelé.

Señalaba como un momento especial cuando le comunicaron que iría a entrenar con el primer equipo por primera vez: "Me llamaron Alberto Angulo y Pablo Sañudo. Fuimos a comer y allí me lo dijeron. No me lo creía, pensaba que me estaban vacilando. En la misma comida llamé a mi madre". Según le explicó a De la Morena, en aquel entrenamiento estuvo "callado" y que llegó a cambiarse en su vestuario habitual, el de los júniors, en lugar de en el de los mayores. "Me fue bien. Un poco blandito, pero bien. No me hicieron novatadas." Aquel día también dijo que su equipo en la NBA eran los Cleveland Cavaliers, entonces campeones con LeBron James en sus filas, aunque señaló también que el jugador que más le había impresionado había sido Russell Westbrook. Pero quizá lo más sorprendente es que aseguraba ser madridista *de cuna*, incluso antes de incorporarse al club blanco con trece años. También que le chocó el ambiente de la cancha del UCAM Murcia.

Apenas un mes después, en diciembre de 2016, la revista *Gigantes del Basket*[76] también le entrevistaba, en esta ocasión en un tono algo más reflexivo. A David Sardinero, su director, le contaba que estaba "muy contento" en el Real Madrid, que era "un gran club" para él "y para cualquiera". "Cuando llegué no me imaginaba estando así, con diecisiete años. Todo esto es algo que no me esperaba", añadía, aparentemente no del todo consciente del revuelo que estaba generando con su juego. "Me llega un poco, sí. Pero yo siempre digo que lo mejor es no leer muchas cosas. Intento no leer muchos periódicos, no leer mucho para no desviarme." Sí reconocía haberse "sentido observado" más desde la Minicopa de Vitoria, en 2013.

En *Gigantes* concretaba sus sensaciones al entrenar por primera vez con el equipo de Pablo Laso. "Ese día estaba muy nervioso. Llegué al entrenamiento y no sabía qué hacer. Me puso a tirar yo solo en una canasta, a esperar. Luego todo fue más sencillo con la ayuda de los compañeros." Como es lógico, percibía como grande el salto que había dado desde la Liga EBA, sobre todo en dos aspectos, "el talento y el físico". "La EBA es una categoría muy complicada. Jugué un año y la verdad es que fue muy difícil", dijo. ¿Recuerdos de Coín y el Aquimisa?

Por entonces ya había construido una especial relación con Laso: "Me dice muchas cosas, pero lo más importante es que me aconseja mucho. Me ayuda. Por ejemplo, siempre me acuerdo de una cosa que me dice: que cuando cojo

76 Número 1.455.

un rebote en defensa tengo que salir con bote, que según lo coja salga corriendo para iniciar el contraataque". Estaba a dos meses de cumplir los dieciocho años y ya destacaba de sí mismo "la madurez" en el juego. Y, al igual que le había dicho a De la Morena, situaba "el tiro exterior" y "la parte física, la velocidad lateral" los aspectos que más tenía que trabajar, aunque ofrecía un matiz humilde: "Tengo que mejorar muchísimas cosas".

En la conversación volvió a salir Westbrook, al que se había enfrentado en el reciente amistoso. "Fue un orgullo ganar ese partido, pero al final es baloncesto. En la NBA y en la Euroliga hay jugadores excelentes y no es tan diferente." Auténtica profecía, ¿no? Preguntado si prefería anotar o asistir, elegía en principio esto último, pero luego ya no lo tenía tan claro: "Son las dos cosas más bonitas del baloncesto y me gustan ambas. No me puedo quedar con una en especial". Sardinero tuvo la habilidad de preguntarle si seguía los encuentros de la NBA en su tiempo libre. "Siempre que puedo los veo en casa. Me gusta mucho el baloncesto y me gusta ver partidos. De la NBA, depende. Si no tengo entrenamiento el día siguiente y es a la 1.00... lo veo. También algunos de los domingos", desvelaba. Y explicaba que los Cavaliers le gustaban "por lo bueno que es LeBron y por todo lo que tienen además: Kyrie Irving, Kevin Love, JR Smith... Las finales que ganaron el año pasado me impresionaron muchísimo".

Hablando de ídolos, también explicaba su filia por Drazen Petrovic: "No llegué a verle en directo, claro, pero he visto muchos videos suyos y la verdad es que era un jugadorazo. Cuando veo los partidos me fijo mucho en los jugadores. En qué hacen bien, en qué hacen mal, e intento aprender de ellos". De quien decía haber captado muchos detalles positivos en el día a día fue de Sergio Llull ("le robaría la rapidez que tiene para jugar y la intensidad") y, a nivel europeo, de Nando de Colo. También confesaba su *envidia sana* a Sergio Rodríguez por "la capacidad de pase y de dar asistencias".

"Creo que hay parte de talento que hay que tener, pero lo más importante es el trabajo que haces para mejorar. Lo que digo: el talento te ayuda, pero si quieres llegar arriba, tienes que trabajar mucho." Toda una filosofía vital para alguien que por entonces tenía alrededor suyo un constante debate: ¿cuál era y es su posición más idónea en la pista? "En ataque siempre me ha gustado ser base, llevar el control del juego. Cuando era pequeño ya era así." También estaba sobre la mesa su evolución atlética. "Aquí siempre hacemos mucho trabajo físico. Y en el gimnasio, con Juan Trapero. Hay algo de genética, pero mucho gimnasio." Decía ya por entonces que había hecho "el proceso perfecto", el mejor que podía haber tenido: "Jugar en el EBA siendo júnior, subir con el primer equipo a entrenar. Ha sido una evolución que ha salido muy bien." No faltaba como colofón el típico test más personal, en el que aireaba sus preferencias por el jamón (comida), *Juego de Tronos* (serie) y *Don't you need somebody* de Red One y *Kad mi dodjes ti* (algo así como "Cuando vienes a mí") del croata Oliver Dragojevic (canciones).

Hoy, Sardinero dice recordar bien la charla, que se produjo un 14 de noviembre, y ofrece algunas pinceladas que dan pistas sobre la personalidad del chico en ese momento. "Era la primera entrevista que concedía a un medio escrito y Doncic estaba nervioso, claro. No sabía todavía cómo posar ante el fotógrafo, si sonreír o quedarse serio, o cómo reaccionar a las preguntas. Algo normal para un joven que apenas había tenido contacto con los medios. Recuerdo que pude hacerle muchísimas preguntas porque contestaba con frases muy cortas. Pese a lo joven que era te dabas cuenta de su inteligencia, incluso en un ámbito en el que no estaba cómodo todavía como era una entrevista. Evitaba sobre todo decir cualquier cosa que pudiera ser malinterpretada y yo mismo le dije alguna vez que no se preocupara, que era una charla para un medio especializado y que no buscábamos ninguna declaración polémica. Fue muy educado y respetuoso con nosotros."

En octubre de 2016 el mismísimo presidente del Real Madrid, Florentino Pérez, esgrimía su nombre en la asamblea de socios del club para destacar la buena salud de la sección de baloncesto, que había dejado atrás una época oscura: "Nos demuestra cómo se está trabajando en la cantera". "Es una etapa mágica", dijo el mandatario, que elogió la "coordinación" que existía a nivel interno y el "compromiso" de los jugadores. Nunca ocultó que se había convertido en un gran fan del esloveno, al que siempre transmitió mucho cariño.

Avanzaban los partidos y se convertía inevitablemente en un ídolo de masas. Si ya desde el primer segundo de su trayectoria en el primer equipo levantaba murmullos de admiración, cuando empezó a desarrollar su juego todo se amplificó. De vez en cuando se marcaba una actuación de esas alucinógenas, de las que hacían repetir una y otra vez que apenas tenía diecisiete años todavía, edad en la que los jugadores en Estados Unidos todavía están en *high school*, por poner una referencia.

En la undécima jornada, ante el Fuenlabrada, batió al mismo tiempo su récord de puntos (23) y asistencias (11), logrando así su primer doble doble y convirtiéndose en el más joven de la historia de la liga en lograr ser mejor jugador de la semana (34 de valoración)[77]. Enfrente estaba otro esloveno y además tocayo, Luka Rupnik, con el que tiene una gran complicidad y que suele llamarle cariñosamente "cabezón". En la vigesimoctava, en la visita a una cancha tan dura como la del Baskonia, Doncic ofreció su perfil más industrial (13 rebotes y 4 robos acompañados de 15 puntos y 4 asistencias). En el otro lado de la balanza, sufrió una preocupante regresión en el tiro de tres puntos, donde pasó del 39% de la campaña anterior al 29% en esta.

Allí donde cuatro años antes había ganado la Minicopa se apuntó su primera Copa del Rey: Vitoria. No le faltó polémica a aquello: la victoria en la prórroga ante el MoraBanc Andorra en cuartos de final (99-93) fue la del famoso "era campo atrás" de Llull, lo que ensombreció que Doncic se acercase al triple doble con 12 puntos, 10 rebotes y 7 asistencias... a once días de cumplir los dieciocho. También es-

---

77 También llegaría a ser el jugador de la semana más joven de la historia de la Euroliga: 25 puntos de valoración ante el Bamberg en la decimotercera jornada de esta misma temporada 2016-17.

tuvo realmente brillante en las semifinales ante el Baskonia (23 puntos, 6 rebotes y 3 asistencias, incluyendo un notable 9 de 12 en tiros de campo), necesitando el Madrid otra vez de cinco minutos extra para ganar (99-103). Aquel intenso fin de semana se culminó con otra sudadísima victoria en la final ante el Valencia Basket (97-95) con un 9+4+6 de Luka. El MVP se lo llevó Gustavo Ayón. Era la tercera Copa seguida del *Laso team* y aún faltaría añadir una más a la serie.

A nivel colectivo acabaría siendo la última fotografía feliz del curso. Con algún que otro momentazo de Luka (dos triples que decidieron el partido en el último minuto ante el Zalgiris, en diciembre de 2016), el Madrid fue el mejor equipo de la liga regular (23-7) y luego superó en cuartos por 3-1 al Darussafaka en cuartos de final, aunque en el primer partido de la serie Doncic fue sorprendido llorando después de completar una floja actuación y ser sustituido en el último cuarto. La Final Four de Estambul resultó frustrante: 84-75 ante el Fenerbahce en semifinales, tras ir siempre por detrás, y 94-70 frente al CSKA en el siempre desagradable partido por el tercer y cuarto puesto. Fueron tres días abiertamente malos para el chico, que extrañamente, en el primer encuentro, se quedó sin anotar (0/3 en tiros de dos y 0/3 en triples) y además tuvo problemas en defensa, mientras que en el segundo solo lo logró desde la línea de tiros libres (6/6 con 0/1 en los de dos y 0/2 en triples).

Con la semifinal perdida se le vio con una toalla en la cabeza y la mirada perdida. Quizás ha sido el momento más duro de lo que lleva de carrera. "Ante el Fenerbahce he hecho un partido fatal y le he pedido perdón a todo el equipo. Lo único que sé ahora es que voy a trabajar más duro para el año que viene poder llegar a otra Final Four. Ha sido un cúmulo de cosas. Hemos hecho un partido bastante malo. Al final nos han salvado un poco Sergi, que ha hecho un partidazo, y Jaycee, pero no pueden estar solos y debíamos acompañarles", analizó todavía en caliente. "Cuando se gana muchas veces no aprendes tanto, pero sí lo haces cuando pierdes un partido tan importante. Yo he aprendido muchísimo de lo que pasó ayer y me va a ayudar mucho en el futuro", añadió el día siguiente ante los periodistas. De poco le supo haber sido nombrado *Rising Star* como mejor joven de la Euroliga, el premio equivalente que también obtendría en la Liga Endesa con lógica aplastante.

Lo sucedido en el Sinan Erdem Dome, incluyendo una llamativa bronca de Laso en el encuentro por el tercer y cuarto puesto aparentemente por un error defensivo, dejó muchas heridas, por mucho que tres semanas después el jugador dijese que se la merecía. "Pablo sabe lo que hice mal y lo que hice bien", argumentó. Hasta Gustavo Ayón, uno de sus mejores amigos en el vestuario, tuvo que consolarle porque de nuevo las lágrimas afloraron en los ojos del muchacho.

Fue un momento de bajón global que se terminó pagando también en la Liga Endesa, donde la cruel intensidad del Valencia Basket pudo más en la gran final. En aquella serie (1-3) tampoco se vio ni de lejos al mejor Doncic posible, quizás metido en el bucle de asumir demasiadas cosas (buenas y malas) en muy poco tiempo. No fue titular en ninguno de los cuatro encuentros y solo tuvo una presencia importante en el tercero (13 puntos y 8 asistencias). En el último y decisivo tocó fondo: desde la época de su debut con el primer equipo no se había quedado en una cifra tan baja de minutos en pista (8:02). Durante el parcial de 26-3 que supuso que se rompiese muy pronto el partido había permitido varios triples bastante sencillos de los *taronja*, una cuestión que le penalizó.

Dos de los bases del Valencia Basket estiman que lo sucedido le debió aportar mucho. "Era muy joven todavía. Como equipo no llegaron muy bien al final de temporada. Estaban desgastados tras lo que había sucedido en la Euroliga. Una mala experiencia le ayudó a ser mejor, a mejorar cosas. Después ha hecho grandes temporadas", sostiene Sam Van Rossom. "Todas las derrotas te sirven para mejorar, sobre todo si son duras. Perder una liga duele. Lo que pasaba con él es que siempre volvía muy fuerte del verano", tercia Guillem Vives. Para el belga, "su ventaja ahora es que en Europa ya jugó a gran nivel en un equipo que siempre ha peleado por los títulos", mientras que Vives pone el acento en lo bien acogido que ha sido en su equipo: "Dallas es el sitio perfecto para él".

Aquello de Estambul y *La Fonteta* no podía quedarse así, pensó seguramente Luka, que se intentó *limpiar la cabeza* en los siguientes días con un proyecto nuevo para él: un campus para jóvenes que llevaba su nombre y que organizaba la empresa Sports Events en la localidad madrileña de San Agustín de Guadalix. Aquello duró ese verano y el siguiente bajo la dirección de Javier Juárez, que había *heredado* de Paco Redondo el equipo júnior del Madrid. Eduardo Pascual, responsable de Sports Events, comenta que "fue una idea de Luka, que quería hacer cosas distintas. Su agencia confió en nosotros para sacarla adelante". A Doncic le vio "muy cómodo, con mucha implicación con los chavales, dispuesto a todo y muy presente en los entrenamientos con ellos. Se vio que le encanta enseñar. Los chicos estaban como locos con él". La grandiosa anécdota se produjo cuando se recibió la visita del presidente esloveno, Borut Pahor, para la inauguración. Ni corto ni perezoso, y demostrando la facilidad de los balcánicos por el baloncesto, no le importó quitarse la chaqueta y compartir unas canastas con su joven compatriota. "No fue solo protocolo para hacerse la foto. ¡Menuda sudada se pegó!", exclama Pascual.

Baloncestista y político volvieron a citarse para unas semanas después con el Eurobasket como motivo. A alguien le tocaba seguir haciendo historia, pero esta vez vestido de verde.

SOCIO DE DRAGIC Y CAMPEÓN CON SU PAÍS

DESPUÉS DE UNA TEMPORADA BASTANTE INCÓMODA con el Real Madrid, con las punzantes derrotas en las semifinales de la Euroliga y la final de la Liga Endesa, el verano de 2017 se presentó muy distinto a los anteriores para Luka: no se iba a dedicar íntegramente a hacer trabajo específico para mejorar sus cualidades, como había pasado en los dos anteriores, sino a preparar a nivel colectivo su estreno con la selección absoluta de Eslovenia. Esperaba el Eurobasket. Y, herido en su orgullo por varios frentes, quería ganarlo para su patria.

Durante años, en el país balcánico se había esperado el advenimiento de Doncic para su equipo nacional. Y se hacía esperar porque, exceptuando lo sucedido en 2014 con su participación en la U16, su prioridad en la época veraniega no había sido ayudar en las selecciones de categorías inferiores, sino centrarse en su carrera en el Madrid y adecuar su físico y sus virtudes a un futuro que inevitablemente era deslumbrante. La Federación Eslovena se había mostrado paciente y tolerante, rechazando abiertamente tensar la situación con el chico y su entorno porque, en ese caso, solo había posibilidades de perder. Por lo que parece, nunca fue una opción real en su cabeza (esto solo lo puede saber él, claro), pero sí que existía la vía burocrática de que, gracias a sus años de residencia en España, que cumplía con creces desde su llegada en 2012, obtuviese la nacionalización... y pasase a jugar como español. La FEB le abrió las puertas de par en par, por supuesto, un deseo que llegó a verbalizar su presidente, Jorge Garbajosa, el 21 de septiembre de 2016: “Si quiere jugar con nosotros, encantados. Pero no es competencia nuestra, es su decisión”. También Serbia le echó las redes, aprovechando los orígenes en ese país de su padre, Sasha.

En su estrategia de no forzar situación alguna, Eslovenia le dejó, literalmente, que hiciese lo que quisiese. Y lo que quiso fue, por fin, incorporarse a la absoluta en 2017 a las órdenes de Igor Kokoskov, lo que también consideraba Doncic que sería bueno de cara a sus miras NBA: ejercía por entonces como ayudante en Utah Jazz y podía ir introduciéndole en un baloncesto cuyas verdaderas claves se le ocultaban todavía. Eso sí. En la selección eslovena él no sería, en principio, el *macho alfa*. Ese papel estaba reservado para toda una leyenda nacional como Goran Dragic, que llevaba desde 2008 en la NBA[78] y cuya participación con el equipo nacional había sido bastante frecuente. Ambos coincidían en la teórica posición en la pista, la de base, aunque era bastante obvio que podían combinar bien juntos: a Dragic le gustaba mirar al aro y a Doncic, llevar la batuta. Debía ser esa la llave de una plantilla que por lo demás era

---

78 Siendo muy joven jugó una temporada en el Murcia (2006-07), cedido por el Baskonia, con el que disputaría dos partidos en 2011 por el *lock-out* de la NBA.

correcta, pero tampoco absolutamente estelar. Jugadores como Klemen Prepelic, Jaka Blazic o Gasper Vidmar eran muy reconocidos a nivel continental, pero no estaban en su élite, mientras que Anthony Randolph, el *fichaje* como nacionalizado, llegaba tras un horroroso final de temporada como compañero de Doncic en el Real Madrid[79], pese a su indiscutible calidad. Tampoco hay que olvidar un dato: nunca en su historia como selección (que, curiosamente, arrancó ante España un 25 de mayo de 1992 en León[80]) había ganado una medalla a nivel absoluto, con el cuarto puesto del Eurobasket de 2009 como mejor actuación hasta entonces.

Dragic, deseoso de ayuda, le había recibido con los brazos abiertos, descartando que hubiese un choque de egos: "Por supuesto que con un balón basta. No me importa si Doncic mete 30 puntos y yo 10; lo que importa es que gane Eslovenia. Él solo tiene dieciocho años, pero actúa como si tuviera treinta. Es nuestro diamante, algo que no se ha visto en Europa en décadas. Estoy encantado de que podamos jugar juntos. Sin problemas físicos, podemos llegar muy lejos". Defendía además su candidatura a la NBA, que no podía ejecutarse hasta 2018 por el mínimo de edad impuesto por la liga: "Vamos a darle tiempo y tranquilidad. Solo cuando llegue veremos lo que puede hacer. Y yo estoy seguro de que puede jugar allí. Si lo pueden hacer Dario

79 3, 2, 3 y 1 puntos en los cuatro partidos de la final ante el Valencia Basket en 21, 18, 14 y 7 minutos, respectivamente.

80 Victoria española por 89-78.

Saric, Boban Marjanovic o Aaron Baynes, estoy convencido de que Luka puede. Los que piensan que es lento están equivocados. Cuando juegas contra él te das cuenta. Tiene un primer paso muy rápido con el que rompe al defensor. Y en la NBA incluso puede ser mejor para él porque el defensor no se podrá estar quieto y tendrá más espacio". Con el tiempo se ha confirmado que *el Dragón* estaba dando en la diana.

Hay una clave para todo este entendimiento que hubo entre ambos y que acabaría traduciéndose en un éxito brutal. Dragic conocía a Doncic desde que era niño, ya que incluso había llegado a jugar con su padre en el Olimpia de Liubliana en la temporada 2007-08, cuando Goran era una promesa emergente y Sasha encaraba la parte final de su carrera con su aire de tipo competitivo. Ambos ganaron aquella liga junto a un exmadridista como Marko Milic y otro jugador que vestiría la camiseta blanca un par de años después, Mirza Begic. Hay una fotografía muy llamativa en la que todo el equipo aparece celebrando el título y el propio Luka, de solo nueve años por entonces y vestido con el uniforme verde del Olimpia, está incrustado en plena euforia portando una de las medallas conmemorativas.

El primer mensaje de que Luka llegaba a la selección para arremangarse fue en el reparto de los números de las camisetas. Prepelic escogió el '7', su favorito, con lo que él tuvo que quedarse con una alternativa fácil: el '77'. Fue una especie de *flash forward* porque apenas dos años después le ocurrió algo similar en los Dallas Mavericks: el '7' ya lo tenía pillado Dwight Powell y él tuvo que optar por el *plan B*.

Su estreno se produjo ante un combinado ruso en Rogaska Slatina, una pequeñísima localidad de apenas 5.000 habitantes al este del país, cuyo pabellón se abarrotó para verle en acción en un momento que terminaría siendo histórico. Resulta llamativo que ese fuese su primer partido en Eslovenia desde que se hizo profesional. Sus padres no faltaron en la grada para presenciar cómo lograba 14 puntos.

"Jugar para la selección es un gran honor, al igual que vestir la camiseta del Real Madrid. Siempre doy el cien por cien, no hago diferencias. Jugar para mi país significa mucho para mí. Ya durante la temporada tenía claro que quería estar con Eslovenia este verano", decía el chico al periódico *Delo* una semana antes del torneo. Era ya una celebridad, por mucho que le hubiesen visto poco o nada en acción. "Al igual que en Madrid, aquí también me paran y me hablan. Es bonito charlar con la gente que me sigue. Noto que en la calle me miran, pero tampoco demasiado. Los eslovenos y los españoles son parecidos. Los que quieren una foto conmigo, se atreven y se acercan a pedírmela. En los dos países he encontrado buena gente."

También cumplió con una tradición: los jugadores que debutan con la selección deben cantar una canción ante el público. Al principio se arrancó con una sencilla (*Kdor ne skace, ni Sloven'c!*, algo así como "Yo soy esloveno"), pero se le reclamó otra menos básica. Y él optó por una de Dara Bubamara de género *turbo-folk*[81], *Volim sve sto vole mladi* ("Me

81 Es un género que apareció en la extinta Yugoslavia en el que se mezcla música oriental con ritmos modernos como pop, folk y música electrónica.

gusta todo lo que les gusta a los jóvenes"). La preparación se cerró con una derrota en Croacia, pero él llegó a los 27 puntos, una cifra que nunca había alcanzado con el primer equipo del Real Madrid.

El chico aseguraba que no estaba nervioso. "Solo jugaré baloncesto de la misma manera que cualquier otro día", comentaba en *Slovenske novice*, otro de los grandes periódicos del país, en una entrevista en la que confesaba que estaba más inquieto el día en el que se estrenó con el Madrid ante Unicaja. También se mostraba muy dispuesto a bromear con Ed Muric, todo lo contrario que con Gasper Vidmar. "Nadie se atreve a hacer bromas con él porque entonces te puede golpear con su enorme brazo, lo que no es agradable", decía en tono jocoso. Más serio se puso cuando le preguntaron por Pablo Laso: "Es normal que me hable alto a veces. Si un entrenador se dirige mucho a ti es porque le preocupas, porque quiere que mejores. Si no te corrige es que no le importas nada. Por eso estoy acostumbrado a que en ocasiones me grite".

Arrancó el Eurobasket y en un grupo disputado en Helsinki, Eslovenia dio muestras de su creciente potencial ganando todos sus partidos (90-81 a Polonia, 81-78 a Finlandia, 78-72 a Grecia, 102-75 a Islandia y 95-78 a Francia). Con una clara tendencia a tirar más de tres que de dos, especialmente bueno a nivel ofensivo para Luka fue el encuentro ante los helenos (22 puntos), pero más allá de eso lo que demostraba es que era capaz de estar en muchas facetas a la vez. Por ejemplo, ayudando en el rebote (9 contra Francia y 8 ante Polonia y Finlandia) o pasando el balón (6 asistencias contra los polacos). Dragic mandaba y solía tener la última palabra a nivel ofensivo, pero cumplía su palabra de compartir el peso. Ambos compartieron habitación durante el campeonato y cada vez que se le preguntaba sobre todo esto a Doncic respondía con una indisimulada humildad: "Me ha dado muchas instrucciones, sí. Es un honor tenerle con nosotros, es un ídolo, el líder de un vestuario con mucha química. Procuro aprender todo de él"[82].

El Eurobasket se trasladó para su fase final al mismo pabellón de donde había salido con la cabeza gacha unos meses antes: el Sinan Erdem Arena de Estambul. Las buenas sensaciones se confirmaron en el inicio de los cruces con una fácil victoria ante Ucrania en octavos (79-55 y 14 puntos y 9 rebotes de Doncic en 24 minutos). Tres días después, en cuartos, la Letonia liderada por Kristaps Porzingis puso las cosas muy difíciles (103-97), pero ahí estaba su futuro socio en Dallas Mavericks para poner orden con 27 puntos y 9 rebotes en lo que sería su mejor actuación del torneo. Era la revancha de lo sucedido dos años antes.

En semifinales, el *coser y cantar* de los eslovenos resultó doloroso para el hasta entonces campeón de Europa, España, que fue apaleada sin piedad (92-72). Con un reparto ofensivo muy coral, Doncic volvió a coquetear con el triple doble aquel día: 11 puntos, 13 rebotes y 8 asistencias. "Fue maravilloso. Ganarles de tantos puntos fue histórico. Jugamos con energía, les paramos muy bien con nuestra defensa,

82 https://elpais.com/deportes/2017/09/16/actualidad/1505587549_002322.html

movimos el balón, lo compartimos y estuvimos muy acertados. Somos un equipo de tiradores, es uno de los grandes secretos de este grupo. Además estamos defendiendo de forma excelente."[83] Su placer fue toda una tortura para una selección española que tuvo que resignarse a jugar por un bronce que sí amarraría (93-85 ante Rusia, que había sido derrotada en semifinales por Serbia por 87-79).

Tuvo algo de poético que la hazaña del pequeño país de dos millones de habitantes se culminase frente a Serbia, el antiguo epicentro de la Yugoslavia en la que había estado integrado durante casi medio siglo. "Ya hemos hecho historia, así que vamos a jugar sin presión. No tenemos nada que perder. Estoy cómodo con la responsabilidad, pero esto es un equipo, no es cosa de uno", aseguraba el madridista horas antes[84]. 93-85 final y un sabrosísimo oro en el que ni siquiera se le necesitó a tiempo completo. En el tercer cuarto cayó sobre el pie de su compañero Randolph y se hizo un esguince en el tobillo izquierdo no muy importante, pero que sí le impidió disputar el resto del choque. Lo acabó con 8 puntos, 7 rebotes y 2 asistencias en 23 minutos. Dragic (35 puntos) fue nombrado MVP, pero colaboró junto a sus compañeros a llevar en hombros a un Luka que no se podía mover para que fuese parte central de la eufórica celebración.

"No sé ni cómo sentirme. No me lo puedo creer, somos campeones de Europa, es increíble", dijo emocionado. "Estaba tan frustrado cuando me lesioné, cuando supe que no po-

83 Ibidem.

84 Ibidem.

dría ayudar a mi equipo... Pero vi que pudieron ganar, que no necesitaban mi ayuda y me sentí muy orgulloso de ellos. El título ha sido gracias al trabajo duro, pero también a una química especial entre nosotros. Nos apoyamos mucho. Siempre estamos por el otro en todo momento, por eso creo que ha funcionado tan bien", añadió. Y aún le quedaban fuerzas para la broma: "Después de días de mucho esfuerzo lo vamos a celebrar. Quizá yo no puedo bailar, pero estoy muy feliz". 25.000 compatriotas los esperaban en el aeropuerto de Liubliana. Él estaba renqueante y tenía que viajar a Madrid enseguida, pero encontró un hueco para visitar a su abuelo materno, que estaba ingresado en el hospital, y colgarle su medalla. También cedió las zapatillas que lució en la final a una subasta benéfica con el objetivo de recaudar fondos para jóvenes deportistas del país, y la cifra que se consiguió fue de nada menos que 30.000 euros. Elegido en el quinteto ideal, sus medias fueron de 14,3 puntos, 8,1 rebotes y 3,6 asistencias.

Con 13,8 puntos por encuentro, Klemen Prepelic fue otro de los protagonistas como tercer máximo anotador tras Dragic (22,3) y Doncic. "Luka fue la mejora que necesitábamos respecto a otros años, cuando éramos eliminados antes. Cogió muchos rebotes y logró canastas en los momentos importantes. En su mejor partido, contra España, metió muchos puntos", recuerda el alero, que el siguiente verano terminaría fichando por el Real Madrid[85] justo cuan-

85 Tras una temporada de poco protagonismo, el club blanco le cedió en la 2019-20 al Joventut, donde se convirtió en el máximo encestador de la Liga Endesa rondando los 22 puntos de media.

do se marchaba su ilustre compatriota. Por lo que cuenta, la primera vez que oyó hablar de él en Eslovenia fue cuando tenía trece años y se marchó al Real Madrid. "Sus dos últimos años en el equipo fueron fascinantes, incluyendo el MVP de la Euroliga, antes de entrar en el *draft*. Y en la NBA está demostrando toda la capacidad que tiene y creo que incluso para él es más fácil jugar allí que en Europa", analiza.

Prepelic sostiene que "es imposible" elegir solo un aspecto de su juego. "Hace de todo y todo lo hace bien. Es muy inteligente y entiende muy bien los partidos. Eso es lo que fundamentalmente le hace mejor que los demás al ir un paso por delante de lo que está pasando en la pista. Como persona, es un tío divertido. En 2017, cuando coincidimos en la selección, era todavía un chico, pero después ha madurado y está preparado para ser el líder de equipos grandes. El futuro es muy difícil de prever, pero soy de los que piensan que el cielo es el límite para él. Está mostrando que puede ser algún día el MVP de la NBA. Lo que sé seguro es que será All Star quince años seguidos", remarca. Otro componente del equipo, Sasa Zagorac, también lo elogia públicamente: "Todo el mundo sabe cuánto talento tiene este chaval, pero para mí lo más importante es que disfruta en el juego".

Después de la gran alegría que coprotagonizó, se abrió un nuevo paréntesis entonces en su militancia con la selección, perjudicado por el nuevo sistema de competiciones de la FIBA. La fase de clasificación para el Mundial de China de 2019 se organizó a través de las famosas *ventanas* que obligaban a disputar las plazas mediante partidos en plena temporada a los que no podían acudir los jugadores de la NBA ni de la Euroliga. Y sin Doncic ni Dragic ni buena parte de los otros campeones continentales, Eslovenia ofrecía una plantilla tan floja que acumuló derrota tras derrota, incluyendo alguna ante selecciones tan débiles como Bielorrusia.

España, posteriormente campeón, estuvo en su mismo grupo de la fase de clasificación y venció en los dos enfrentamientos directos (92-84 en Burgos y 72-83 en Liubliana). Eslovenia intentó obtener el permiso del Real Madrid para que Doncic fuese liberado de sus compromisos con el club y pudiese jugar, pero no lo obtuvo. Hasta el mismísimo Borut Pahor, presidente del país, llegó a intervenir sin éxito con una carta.

Luka se quedó sin Mundial y el Mundial, sin Luka. Lo que se llama hacerse daño mutuamente. Sin ser un tipo de declaraciones gruesas, su queja, publicada por *The New York Times*, sonó amarga: "Estoy muy decepcionado. Somos campeones de Europa, tendríamos que estar en el Mundial. No entiendo por qué han cambiado el formato". Añadía que no quería faltar a ningún gran torneo de selecciones ("siempre que no esté lesionado iré con Eslovenia") y que, sobre todo, sentía lo sucedido por la afición de su país: "Ya se vio en la final del Eurobasket. Viven para animarnos".

DOBLETE LIGA-EUROLIGA PARA DESPEDIRSE

La que sería la última (y exitosa) temporada de Luka Doncic en el Real Madrid vino condicionada desde el principio por una desgracia ajena: el 9 de agosto de 2017, en una acción fortuita durante un amistoso preparatorio para el Eurobasket ante Bélgica, Sergio Llull había pisado mal y se había roto el ligamento cruzado anterior de la rodilla derecha. Una lesión gravísima que le apartaría durante gran parte de la campaña y obligaría a darle más galones a un chico que, conviene no olvidarlo nunca, había cumplido los dieciocho años en febrero de aquel mismo año. La relación entre ambos siempre había resultado sensacional y Luka ha señalado en reiteradas ocasiones que Sergio fue probablemente el jugador que más le ayudó en los entrenamientos cuando ascendió al primer equipo.

El club decidió entonces no hacer una gran inversión para sustituir al que era nada menos que vigente MVP de la Euroliga y persistente objeto de deseo de los Houston Rockets. Ya había decidido el regreso de Facundo Campazzo, que había estado cedido durante dos años en el UCAM Murcia mostrando una interesante proyección en su juego, y terminaría fichando en octubre a Chasson Randle, que había jugado veintiséis partidos en la NBA la temporada anterior entre Knicks y Sixers, pero que nunca conseguiría elevarse desde la condición de tercer base. Luka pasaba a ser lo que los americanos llaman el *perro grande*: el hombre sobre el que pivotar buena parte del juego ofensivo, definitivamente asignada la posición de director de orquesta por mucho que a veces coincidiese con Campazzo en pista. Lo tendría que hacer sin la ascendencia del *Chapu* Nocioni, que había optado por retirarse pese a la oferta que había recibido para renovar, aunque fuese solo en su papel de supervisor directo del día a día de Luka.

Se sabía que era ahora o nunca: a partir del 28 de febrero de 2018, con diecinueveaños, ya cumplía los requisitos para poder primero presentarse al *draft* y después fichar por un equipo de la NBA, su obligado destino. Hubo algún amago de que podía quedarse una temporada extra, aunque resultaba poco menos que imposible. El propio Florentino Pérez señaló que "cada día que podamos mantenerlo en el equipo es un lujo... Estamos hablando de uno de los mejores jugadores del mundo. Todos deseamos que su vida profesional sea la mejor posible, pero trabajaremos con él a ver si podemos aguantarle un poquito más"[86]. Poco después, Laso apoyó la idea, aunque seguramente sin mucha fe en su fuero interno: "Espero que esté aquí el próximo año". En el vestuario se daba por hecha su marcha. "Tiene que jugar con los mejores jugadores del mundo y tal vez le echemos de menos, pero es normal. Se lo merece. Es un chico especial. Nos queda poco de disfrutarlo", apuntó Rudy Fernán-

86 https://www.elespanol.com/deportes/futbol/primera-division/20171017/254975550_0.html

dez, que hizo el mismo camino en 2008 cuando se marchó del Joventut a Portland Trail Blazers.

Era utópico, por mucho que hasta se manejase la idea de bajarle la cláusula de rescisión a lo mínimo como aliciente para que pudiese irse gratis en uno o dos años. Además de intentar ganar puntos ante los ojeadores de la NBA que seguían cada mínimo paso suyo, lo que tuviese Doncic pendiente con la camiseta blanca tendría que hacerlo ese año, particularmente en la Euroliga, ya que Estambul le seguía atormentando. Y de él iba a depender, según se había puesto la situación con la baja de Llull durante muchos meses.

Todavía con el subidón de haber ganado unos pocos días antes el Eurobasket y algo *tocado* por el esguince de la final, se incorporó a la pretemporada blanca casi directamente para disputar la Supercopa Endesa, que tenía lugar en Las Palmas. Quizá como consecuencia de esto, en la semifinal ante el anfitrión, el Herbalife Gran Canaria, anduvo bastante perdido. No fue titular (sí jugó 23 minutos) y se quedó en 6 puntos, 4 rebotes y 1 asistencia con un 1/5 en triples. El resto de sus compañeros tampoco dio el nivel y la derrota blanca fue justísima (73-64).

Tampoco fueron bien las cosas en esa misma cancha, el Gran Canaria Arena, unos meses después en la fase final de la Copa del Rey. El Madrid superó cuartos (89-84 al Unicaja, 11+5+5 de Luka) y semifinales (77-59 al Iberostar Tenerife, 17+7+5), pero en una polémica final fue batido por un Barcelona que llegaba con muchos problemas y tras sustituir en el banquillo a Sito Alonso por Svetislav Pesic. Aquel 92-90 será recordado por la falta no señalada de Víctor Claver a Jeff Taylor en la última acción, justo después de que Fabien Causeur fallase un triple que hubiese culminado una remontada épica de los madridistas, que perdían por 17 puntos (71-54) a falta de 8 minutos.

Doncic firmó 24 minutos bastante raros. No estuvo acertado en el tiro (1/4 en los de dos y 0/4 en triples), pero no huyó de la responsabilidad y el Barça tuvo que recurrir a un juego muy físico, con defensores que se iban turnando, para poder frenarle. Recibió un total de nueve faltas personales y fue nada menos que dieciséis veces a la línea de tiros libres (acertando doce). A ello añadió 5 rebotes y 3 asistencias. También se vio envuelto en un atisbo de tangana al final cuando Pierre Oriola chocó duramente con él mientras corría para celebrar el título con sus compañeros. Luego se disculpó: "La acción en ningún momento es intencionada ni voy hacerle daño. Corro directo a mis compañeros y topamos sin querer. De verdad que no voy con la intención de hacerle daño ni nada de esto. No soy ese tipo de jugador"[87].

Dos títulos en juego y dos revolcones, aunque fuesen los de menor importancia por detrás de Euroliga y Liga Endesa. Y eso que los planes de darle todos los galones a Doncic iban muy bien. En la competición doméstica parecía manejar la situación con aparente facilidad, no necesitando mucho tiempo en pista para llevar los partidos a su antojo. El Madrid culminó una primera vuelta de ensueño con solo una derrota en diecisiete partidos (80-84 en la oc-

87 https://www.elmundo.es/deportes/baloncesto/2018/02/18/5a89f3b0e2704ed7018b461f.html

tava jornada ante un Barça todavía dirigido por Sito Alonso), mientras que en la Euroliga, un escenario más exigente, se acumulaban las dificultades, pagándose especialmente la mala racha con las lesiones. Una de ellas, la de Ognjen Kuzmic, empujó a acometer un refuerzo que terminaría siendo importantísimo a la larga: Walter *Edy* Tavares[88] y sus 2,21 de estatura. Su capacidad de intimidación en defensa mejoró notablemente al equipo.

Wonderboy tenía más responsabilidad incluso que la proyectada en un principio. Ya en la jornada inaugural, ante el Anadolu Efes, evidenció que eso no le daba miedo alguno, consiguiendo 27 puntos, la misma cifra que en la tercera frente al Armani Olimpia Milano. Pero no se quedaría ahí: 28 en la cuarta en Kaunas y unos salvajes 33 (más 6 rebotes y 5 asistencias) en la cancha del Olympiacos. Le había cogido el gusto a las pistas donde la afición rival aprieta mucho. Especialmente paradigmático fue lo sucedido en la rugiente cancha del Estrella Roja, cuando, tras dejar sentado a Tyler Rochestie, enchufó un triple que estableció el 79-82 definitivo. Debió ser especial aquello para él: Sasha Doncic había tenido relación con el conjunto de Belgrado y Luka siempre había expresado, aunque fuese de pasada, su simpatía por el eterno rival del Partizán.

Había asumido el reto de suplir a Llull y lo estaba cumpliendo con creces. "Sergi es el mejor jugador de Europa y sin él sabía que tenía que dar un paso al frente. He apren-

88 Su aventura en la NBA se saldó con solo trece partidos en dos temporadas con Atlanta y Cleveland.

dido muchas cosas de él, así que si he dado este paso adelante es en parte por él", comentó a la web de la Euroliga tras ser nombrado MVP de octubre. Nada le fastidiaba más que perder, como cuando la emprendió a mordiscos con su propia camiseta al fallar un triple decisivo ante el Khimki.

El 14 de diciembre protagonizó un curioso *flashback*: frente al Barcelona en Euroliga anotó desde su propia pista un triple ante el Barcelona al final del tercer cuarto, algo más alejado que el que clavó en el último segundo de la Minicopa de 2012 también ante los azulgranas. Fue felicitado entre risas. "He tenido mucha suerte. Canastas de este tipo las ensayo en los entrenamientos con Causeur y Facu, pero es un poco tirar por tirar", contó tras refrendarse la victoria por 87-75. Y eso que dos días antes estaba en la cama con fiebre. "El amor por el baloncesto me da fuerzas", explicó para justificar su rápida recuperación. No faltaron tampoco los momentos de tensión: los rivales sabían de su importancia y le buscaban las vueltas. Él tampoco se arrugaba y, tras una falta en ataque, protagonizó una seria discusión con el veterano Marcelinho Huertas, del Baskonia, en la que llegó a haber graves insultos de por medio.

Para hombres como Pepe Pozas, director de juego del Obradoiro, se había convertido casi en una pesadilla: "En el primer año costaba prestarle atención rodeado de tantos jugadores buenos, pero en el último tenías que dedicarte a él y ya no recordabas la edad que tenía. Aun así te la liaba, aunque pareciese que no estaba haciendo un gran partido. No gastaba muchos tiros, pero mirabas la valoración y se iba a 20 con facilidad. Y no es que nos lo hiciese a nosotros solo, sino a todos los demás, y ahora lo continúa haciendo en Dallas". Bajo su visión, "había la sensación de que tenía el control del partido" y clava un análisis que suele ser habitual cuando se habla de él: "Sabía lo que iba a pasar medio segundo antes de que ocurriera. De 60 decisiones que toma en un partido, 55 son buenas, incluso hoy en día. Lo que a mí me hacía, y te quedabas alucinado porque no sabías por dónde te venía, ahora se lo hace a los bases de la NBA".

Se contaba para finales de abril con la reaparición de Llull, aunque era sabido que le iba a costar volver a coger el ritmo y había reticencias a la hora de devolverle a la posición de base. Fue precisamente en el *playoff* de cuartos de final ante el Panathinaikos cuando volvió el menorquín, y el Madrid, que había fallado más de la cuenta al principio en la liga regular (balance final de 19-11) y se había quedado sin *factor campo* a favor, aprovechó el impulso anímico que eso supuso para firmar un 1-3 bastante sencillo ante los griegos y meterse en la F4 de Belgrado. Doncic firmó una buena serie, jugueteando con el triple doble en el tercer encuentro (7 puntos, 8 rebotes y 10 asistencias) y sacando su vertiente más anotadora en el cuarto y definitivo en el siempre temible Oaka (17 puntos con 4/8 en triples además de 4 rebotes y 5 asistencias).

Si en 2015 había seguido la final de la Euroliga de Madrid desde la grada, después de haber ganado la de categoría júnior en el mismo escenario unas horas antes, esta vez le tocaba ser protagonista. Y así ocurrió. Fueron tres días de vértigo. El 18 de mayo se disputó la semifinal ante el CSKA Moscú, el mejor equipo de la liga regular (24-6). Pese a un mal inicio a nivel defensivo (20-30, primer cuarto), el Madrid estuvo serio y contundente para imponerse por 92-83. ¿Qué hizo Luka teniendo enfrente a Sergio Rodríguez y Nando de Colo? Casi nada: 16 puntos (los mismos que el renacido Llull), 7 rebotes y 7 asistencias en 30 minutos.

El 19 se confirmó un secreto a voces: la Euroliga le nombraba MVP de la temporada regular, por descontado el más joven de su historia en un hito que probablemente tarde generaciones en ser superado. "Gracias a todos: seguidores, entrenadores, a mis compañeros, a la gente que me apoya... esto no hubiera sido posible sin ellos", dijo públicamente. Lo suyo no fue solo cuestión de números (21,7 de valoración gracias a 16,1 puntos, 4,9 rebotes y 4,3 asistencias), sino de sensaciones, de emociones.

Recogió el premio con una sonrisa, pero a él solo le importaba lo que iba a suceder el domingo 20 contra el Fenerbahce, un rival durísimo que no lo puso fácil y ante el que no hubo tranquilidad casi hasta el último segundo. Cayó la décima Copa de Europa de baloncesto para el Real Madrid (85-80) y Doncic acumuló otro MVP, en este caso de la F4. En la final había vuelto a asombrar con 15 puntos, 3 rebotes y 4 asistencias, destacando esta vez en sacar de quicio a la defensa turca (7 faltas recibidas y 8/10 en tiros libres). Donó la camiseta que portó al Museo Drazen Petrovic. "Es fascinante. Todo el mundo me pregunta cómo me siento y no tengo palabras. Es increíble. Tengo grandes compañeros y un gran entrenador que me dio la oportunidad de jugar para él. Es muy bonito estar en este equipo. La temporada es un sueño hecho realidad. Cuando hace tres años gané el título júnior, estaba un poco celoso de los profesionales, que aquel día ganaron también la Euroliga", señaló en vestuarios. El disgusto de lo sucedido doce meses antes quedaba enterrado: "La pasada temporada fue mala y buena para mí. Aprendí mucho y en esta he tenido más confianza, me sido más duro. Creo que lo he demostrado. Hemos jugado como un equipo durante la final".

Pablo Laso había triunfado en su estrategia con el diamante esloveno: "Para mí Doncic es igual que Radoncic[89]. Son todos iguales. Independientemente de lo que se hable de ellos, cuando llegan al campo no hay distinciones. Así traté a Luka cuando era un crío y empezaba. Intenté darle la importancia que tenía. Intenté que fuera creciendo como jugador y ahora, que todo el mundo habla de él, parece que yo tengo que cambiar algo con él. Obviamente cada persona es diferente, pero siempre he querido que el equipo esté por encima. Todo lo que se habla de Luka me da igual; lo único que intento es que juegue bien, que crezca como jugador y nos ayude a ganar"[90].

Apenas diez días antes del título de Belgrado, Doncic había vuelto a hacer historia, esta vez en casa. Desde 2007 un jugador de la Liga Endesa no conseguía un triple doble, un hito numérico complicado en Europa porque no se juegan tantos minutos como en la NBA y el modo de contabi-

89 Dino Radoncic, promesa montenegrina que también estaba en el primer equipo del Real Madrid. En la temporada 2019-20 milita en el UCAM Murcia.

90 *Gigantes del Basket* número 1.473.

lizar aspectos como las asistencias es menos laxo. El último precedente había que buscarlo en los 11 puntos, 10 rebotes y 12 tapones conseguidos por Fran Vázquez, entonces en el Barcelona, ante el CB Valladolid[91].

Frente a un Betis que luchaba por la permanencia, a Luka le bastaron 22 minutos (12 menos que Vázquez) para alcanzar los 17 puntos, 10 rebotes y 10 asistencias. Lo hizo sin fallar un solo tiro (1/1 en los de dos puntos, 3/3 en triples, 6/6 en libres) y acumulando 42 de valoración. Era una obviedad que esto se le había quedado ya muy pequeño. "Es increíble. Estaba esperándolo y hoy ha sido. Doy gracias a mis compañeros porque sin ellos no hubiera sido posible. Ellos son los que meten mis asistencias y los que cierran el rebote, así que gracias a todos", declaró. Laso dijo que no le sorprendió: "Sé de lo que son capaces mis jugadores". Aquello lo sufrió en sus carnes Mikel Úriz, uno de los bases del equipo sevillano[92]: "No jugó mucho, pero poco a poco te iba destrozando. Los minutos en los que coincidí con él intenté complicarle la vida. Sin embargo, era casi imposible. Se veía ya por qué es ya candidato a MVP de la NBA. Ahora recordarlo es bonito y disfrutar de su juego. Siendo tan joven, lo hacía como un veterano, algo fuera de serie".

Javier Gancedo es uno de los periodistas que más cerca ha seguido la máxima competición continental en su condición de redactor de la Euroliga. "Su explosión en la tem-

---

91 Solo lo han logrado en la historia ACB cuatro jugadores más: Mike Smith, Nacho Suárez (dos veces), George Singleton y Dejan Tomasevic.

92 En el Detelco GBC (LEB Oro) en la temporda 2019-20.

porada 2017-18 fue algo sin precedentes: nadie había dominado así a su edad. No anotó en la semifinal de 2017 ante Fenerbahce, fallando 6 tiros en 17 minutos, y venía de arrasar en el Eurobasket, donde se encargó de demostrar que podía decidir partidos al máximo nivel. No quiso esperar y la lesión de Llull le obligó a quemar etapas más rápidamente de la cuenta, pasando de gran promesa a jugador más dominante de Europa. Sabía que la Final Four de 2017 era una mancha en su historial y la borró a lo grande, ganándola en 2018 siendo el MVP. Su triunfo fue el del Real Madrid, que dio una *master class* de cómo desarrollar a un jugador joven y convertirlo en un fenómeno mundial", analiza.

Tras apuntarse la Euroliga había que terminar el trabajo del mejor modo posible: ganando la Liga Endesa, que también le nombró jugador más valioso de la liga regular (12,8 puntos, 5,7 rebotes y 4,7 asistencias en 23,4 minutos). En el sistema que tiene la competición para otorgar el galardón consiguió la máxima puntuación por parte de entrenadores y medios, la segunda entre los jugadores y la tercera de los aficionados[93]. Con 19 años, 2 meses y 22 días rompía así con la marca de precocidad que tenía Niko Mirotic desde la 2012-13 (22-3-11). Como es lógico, y también sucedió en la Euroliga, fue nombrado además mejor joven.

Volver a compartir vestuario con él fue todo un orgullo para Santi Yusta, dos años mayor y con el que había ganado la Euroliga júnior de 2015. En el verano de 2017 había re-

93 Tornike Shengeila (Baskonia) fue el más votado por los jugadores y Campazzo, por los aficionados.

gresado de una cesión de dos temporadas al Obradoiro. En este tiempo que habían dejado de jugar juntos, Luka se había confirmado como una figura superlativa. "Aparte de su capacidad de anotar y de rebotear, sobre todo está la de distribuir el juego. Siempre te va a dar el mejor pase, siempre sabe dónde te tiene que poner la bola. Ese es el puntito que tiene para ser mejor y lo demuestra siempre. Está dando un *clinic* de todo", comenta el alero, que alcanzó la internacionalidad absoluta en la fase de clasificación para el Mundial de China. Unos pocos días después de hablar para este libro se lesionó de gravedad la rodilla izquierda jugando con España la clasificación para el Eurobasket 2021.

Yusta ve a su excompañero como "un chico muy normal" y considera que superó pronto la timidez que había mostrado en principio. "Cambiaba de país y de cultura, pero poco a poco hubo mucha complicidad entre todos. Hicimos un gran grupo, con muchos amigos, y eso es muy importante. De las que no se pueden contar tuvimos algunas anécdotas, claro. Yo me quedo con que, cuando era el más pequeño, siempre vacilaba a los demás. Hacía buenas migas con todos".

El Madrid afrontó los *playoffs* desde una posición privilegiada (espectacular 30-4 al final de la liga regular) y se deshizo del Iberostar Tenerife en cuartos de final (2-0) y del Herbalife Gran Canaria en semifinales (3-0). Luka seguía a lo suyo, aunque quizás administrándose para el momento culminante, que llegaría en la final ante el Baskonia. Los vitorianos sorprendieron en el WiZink en el partido inaugural de la serie. En el segundo, Pedro Martínez mantuvo una vigilancia exhaustiva sobre Doncic, que se las tuvo muy tiesas esta vez con Janis Timma. La máquina blanca empezó entonces a estar engrasada por el descaro de Luka hasta el 3-1 final.

En el conjunto vitoriano tuvo un pulso con Jayson Granger, que había regresado a España aquella temporada después de dos años en el Anadolu Efes. Su testimonio es un buen medidor para evaluar su evolución. "Fue increíble. Ya se le veían muchas cosas cuando yo estaba en Turquía y jugábamos contra el Madrid en la Euroliga. Luka controlaba el *tempo* del partido y tenía una gran habilidad para pasar y hacer el *uno contra uno*. En la posición de base, siendo un tío tan grande, le resultaba muy fácil rebotear, postear... Era ya muy completo. En la última temporada tuvo un dominio tremendo y parecía un hombre de dieciocho años. Sabía lo que hacer en cada momento. Y sigue mejorando. Es alguien especial que sale una vez de cada un millón de años." Opina que lo más difícil de contener es su *stepback*, el lanzamiento echándose hacia atrás. "Con su envergadura puede sacar el tiro con mucha facilidad y con muy buenos porcentajes", explica. A Granger no le sorprende "absolutamente nada que haya triunfado tan pronto" porque, indica, "en Dallas se hizo el dueño del equipo y está bien rodeado. Ya es una estrella y acabará en el Hall of Fame". Y pese a tanta batalla la mayor parte de las veces perdida, no le quedaron heridas en lo personal: "Le deseo lo mejor porque tiene mucho talento por delante. Es una buena persona, muy humilde y trabajadora".

Especialmente bueno fue el tercer encuentro de la final de Doncic, que regresó a menudo a las posiciones de '2' y hasta de '3' ante el crecimiento de Campazzo: 20 puntos, 9 rebotes y 3 asistencias en 24 minutos. El 19 de junio de 2018, con un 85-96 en el Buesa Arena y 8 puntos y 8 rebotes en su cuenta particular se acababa, por ahora, su época en el Real Madrid, curiosamente ante el mismo club al que se enfrentó en la Minicopa de 2012 en su primer partido con la camiseta blanca. No le hizo falta recibir el MVP de la final, asignado a un inspirado Rudy Fernández, para ser uno de los más sonrientes en la celebración. Como se encargaría de comentar posteriormente, el círculo se cerraba con su última canasta como madridista, un triple (al igual que en el debut ante Unicaja) faltando apenas dos minutos con un solo pie apoyado en el parquet. El partido, con 79-82, estaba todavía muy caliente. Qué mejor manera de marcharse a la NBA.

NOCHE DE *DRAFT* Y RUMBO A TEXAS

La triunfal espera hasta poder ser elegido en el *draft* y jugar en la NBA, que en 2005 estableció que el mínimo era de diecinueve años, había terminado. Como indicaban todas las previsiones, Luka Doncic se declaró elegible para la edición de 2018, que tendría lugar en el Barclays Center de Nueva York el 21 de junio. Desde que era un cadete se estuvo especulando sobre en qué posición sería elegido cuando le llegase el momento. Son los *mock drafts*, predicciones subjetivas por naturaleza que sirven como mero termómetro en las semanas, meses y hasta años previos a que llegue la hora de la verdad. Con Doncic ocurrió algo bastante habitual cuando se trata de europeos: aunque se disponga de mucha información sobre ellos y se pueda escudriñar cada partido que disputan, la especulación que se hace sobre lo que pueden aportar en la NBA mezcla optimismo con escepticismo de un modo a veces aleatorio.

En esto del acceso de los jugadores FIBA a la liga norteamericana ha habido casos de todo tipo. Los explican al milímetro dos libros de Ediciones JC: *Invasión o victoria*, de Gonzalo Vázquez y Máximo Tobías, que se centra en la paulatina y variadísima participación de los extranjeros en la mejor competición de baloncesto, e *Historias del draft*, de Mariano Galindo, que escudriña año a año lo sucedido en las ceremonias y sus consecuencias. Y es que ha habido desde estrellas que entraron en posiciones muy humildes, como Manu Ginóbili (el número 57 de 1999), o directamente fueron ignorados (José Manuel Calderón) a otros que recibieron una confianza superlativa y muy difícil de entender incluso en ese mismo momento. Andrea Bargnani (número 1 en 2006, único hombre procedente del basket europeo en lograr ese privilegio) es criticado a menudo, pero tuvo buenos años y no se puede considerar un ejemplo tan desastroso como los de Darko Milicic (el 2 de 2003 por delante de Carmelo Anthony, Chris Bosh y Dwayne Wade), Nikoloz Tskitishvili (el 5 de 2002) y Jan Vesely (el 6 de 2011). Más recientes elecciones como las de Dragan Bader (el 4 de 2016), Alex Len y Mario Hezonja (los 5 de 2013 y 2015, respectivamente) están teniendo un ajuste complicado, aunque todavía continuasen allí al inicio de la temporada 2019-20. En el plano positivo está por encima de todo el número 3 de Pau Gasol en 2001 y, un escalón por debajo, el mismo 3 de Enes Kanter en 2011, el 4 de Kristaps Porzingis en 2015, los 5 de Ricky Rubio y Jonas Valanciunas en 2009 y 2011 y el 6 de Danilo Gallinari en 2008.

¿Quién de todos esos será Doncic cuando concluya su carrera? ¿Príncipe o rana? No será por falta de expectativas, claro. En agosto del 2017, la prestigiosa revista *Sports Illustrated* le había dedicado un amplio reportaje en el que se le calificaba como "la mayor promesa" que había surgido en años en Europa. "Siempre parece tener el juego bajo control, puede salir de la presión a toda pista y sus pérdidas se deben más a la típica agresividad juvenil. Es un gran reboteador, se anticipa bien en defensa y su capacidad física le permite hacer mates espectaculares y poner tapones. Además, usa bien su cuerpo para crear espacio", se afirmaba. Como inconveniente se señalaba la cuestión física, llegando a señalar que tendría problemas para liberarse de los grandes defensores de la NBA. Y se citaban varios nombres para trasladar su versión a América: en el mejor de los casos, Gordon Hayward[94] porque "hace mejores a sus compañeros"; en el intermedio, al turco Hedo Turkoglu[95]; en el peor, a Kyle Anderson[96] por no cumplir las esperanzas. Poco después, en la encuesta anual (y anónima) que se realiza a los 30 *general managers* de la NBA salía como mejor jugador de fuera de la liga con diferencia (69%, un porcentaje más alto que nunca) por delante de Nando de Colo (entonces en el CSKA, 28%) y Alexey Shved (Khimki, 3%). A él le gustaba verse más como Ben Simmons, el altísimo y generoso director de juego australiano de los Sixers que tiene casi como único punto débil el tiro lejano. "Puede jugar de base, puede jugar de alero... puede hacer muchas cosas distintas, como LeBron", le aseguró Luka a Mina Kimes,

94 La temporada anterior había promediado 21,9 puntos con Utah Jazz, siendo All Star. En el primer partido de la 2017-18, ya en los Celtics, se lesionó de gravedad y estuvo un año sin jugar. No ha vuelto a alcanzar el nivel anterior.

95 Un mito en su país y un buen jugador de NBA con 997 partidos y 14 años (6 equipos). 11,1 puntos y 4 rebotes de media en 26,8 minutos.

96 Número 30 del *draft* de 2014 elegido por los Spurs. En seis años de carrera promedia 5,4 puntos y 4,1 rebotes en 19 minutos. Desde la temporada 2018-19 milita en los Memphis Grizzlies.

una periodista de *ESPN* desplazada expresamente a Madrid en marzo de 2018 para conocer su día a día.

La noche previa al *draft* resultaron muy controvertidas unas palabras de Charles Barkley en las que recelaba de la capacidad de Luka. Habitualmente lenguaraz y adicto a llamar la atención, la oronda leyenda de Sixers, Suns y Rockets no se cortó: "No me fío de las competiciones extranjeras. No es que tenga nada en contra de los jugadores extranjeros, pero sé de qué pasta están hechos. Doncic era MVP a los dieciocho años, lo que me dice que jugaba contra una mierda de rivales. Nunca nadie con dieciocho años debería dominar a jugadores adultos, no importa lo malos que sean", soltó en el *podcast* que conduce el también exjugador Scot Pollard. No se quedó ahí: "Llevo relacionado con la NBA más de treinta años y solo ha habido un joven de dieciocho años que pudieras decir que era *the real deal*. Estoy hablando de LeBron James. La gente se olvida de que Kobe Bryant fue increíble, pero tuvo que esperar años para lograr el estrellato. ¿Y Kevin Garnett? Tuvo que pelear durante sus primeros años también".

Hacía referencia Barkley a que, cuando no existía la limitación de edad para el *draft*, Bryant y Garnett fueron escogidos directamente desde el *high school* sin pasar por la universidad, como LeBron[97]. No hubo muchas más voces que

---

97 Bryant, a los diecisiete años con el número 13 en el *draft* de 1996 por Charlotte Hornets; Garnett, a los diecinueve en el 5 de 1995 por Minnesota Timberwolves. Ambos no disputaron su primer All Star Game hasta su segunda temporada en la NBA.

echasen por tierra los meritos de Doncic como jugador más valioso de la Euroliga, un torneo muy respetado en Estados Unidos y donde todos los clubs de la NBA tienen puesta constantemente la vista, como se aprecia con el interminable trasvase de talentos que se produce cada verano. Pero esa bravata de *Sir Charles* era la expresión de que existían rescoldos de la desconfianza o directamente el desprecio que hubo por el baloncesto FIBA en la NBA. Viajando a mediados de los 80, resulta grotesco recordar que una gran estrella europea como Fernando Martín solo totalizase 124 minutos en 24 partidos con los Portland Trail Blazers. Posteriormente, monstruos como Sasha Djordjevic, Juan Carlos Navarro, Sarunas Jasikevicius y Vassilis Spanoulis tampoco terminaron de encontrar su sitio y regresaron a casa para volver a reinar.

Otros análisis sobre *Wonderboy* reincidían en su supuesta "falta de atleticismo" para afrontar los retos de la NBA, sobre todo a nivel defensivo, y a que "ocasionalmente pierde la calma cuando tiene que afrontar una situación adversa". Es lo que mantuvo en enero del propio 2018 Mike Schmitz tras un viaje a España. No le había ayudado a Luka que unas semanas antes fuese descalificado (falta antideportiva más técnica) en un partido de Euroliga en la Fuente de San Luis ante el Valencia Basket: primero dio un codazo en la cara a Tibor Pleiss, que sangró de forma abundante, y luego protestó una personal en ataque. Se retiró a los vestuarios gesticulando ostensiblemente e incluso dando patadas al túnel.

Poco apasionado fue también un analista de renombre como Frank Fraschilla. "Diría que va a ser un titular con éxito, con la posibilidad de jugar algún All Star. Pero no creo que sea un talento trascendental al nivel de los años de carrera de Dirk Nowitzki o incluso Pau Gasol y Manu Ginóbili", empezaba diciendo. De él comentó en plan positivo que "lee la defensa antes de que esta pueda reaccionar", pero también señalaba que "no es un superatleta" ni "la combinación de Larry Bird y Michael Jordan que algunos quieren dar a entender que es". Tampoco le veía como base, sino como alero, poniendo el foco en que tendría problemas para frenar a otros directores de juego por una cuestión de movilidad.

Otros no tuvieron en cuenta tanto sus debilidades y sí enfatizaron sus virtudes. El periodista Adrian Wojnarowski, celebérrimo por adelantar prácticamente todas las operaciones de mercado antes de que se produzcan, emitió su particular veredicto de forma entusiasta: "Lo tiene todo. Es el pack completo, un jugador especial. Ningún equipo debería dejarle escapar". Un año antes había recibido el aval del mismísimo Pau Gasol[98]: "Es sorprendente. Tiene muchísimo talento. Será un jugador importante en la NBA porque tiene todas las cualidades". Reportaje muy comentado fue el de la revista *Slam*, que le dedicó una de sus portadas ya en junio del 2018. "No me imaginaba tanta atención. Ni siquiera un poco", apuntaba el propio jugador. "Estoy feliz y un poco triste porque viviré una nueva vida", confesaba, seguramente intuyendo que estaba a punto de

98 Declaraciones a *El Partidazo de Cope*, 13-6-2017.

hacer un *control-alt-suprimir* similar al que encaró cuando se trasladó de Liubliana a Madrid en 2012.

Luka no perdió un ápice de autoestima en el largo proceso de sentirse examinado en cada uno de los minutos que estuvo sobre una cancha en Europa. Aseguraba que cada vez le prestaba menos tiempo a lo que se decía o escribía sobre él. Y no le importó no poder aceptar las tradicionales invitaciones de los equipos a entrenar con ellos para evaluarle directamente porque las fechas coincidían con los *playoffs* de la Liga Endesa, algo absolutamente sagrado para él. "Tengo ventaja sobre el resto. Jugar la Euroliga, donde hay muchos exNBA, me ha dado mucha experiencia", admitía en *Yahoo Sports*. Era tan bueno y resultaba tan evidente que era ya un jugador muy hecho que prácticamente siempre salió, a lo largo del tiempo, entre los cinco primeros en las previsiones. Incluso *ESPN* llegó a verle como claro aspirante al número 1, que había conseguido Phoenix Suns.

Las franquicias han valorado tradicionalmente escoger a interiores para construir alrededor de ellos su futuro, pero en eso también ha cambiado el baloncesto USA. De hecho, en 2017 el número 1 había sido Markelle Fultz, por Philadelphia Sixers, que el año anterior habían optado por un jugador del mismo corte como Ben Simmons. En 2015 (Karl-Anthony Towns, Minnesota), 2013 (Anthony Bennett, Cleveland) y 2012 (Anthony Davis, New Orleans) sí hubo pívots o ala-pívots encabezando la lista, pero se intercalaron con lo sucedido en 2014 (Andrew Wiggins, Cleveland), 2011 (Kyrie Irving, Cleveland) y 2010 (John Wall, Washington).

En 2018 volvieron a estar de moda los altos y los Suns se lanzaron tras algo de debate a por DeAndre Ayton, un '5' de Bahamas que había impresionado en su único año en la Universidad de Arizona (20,1 puntos y 11,6 rebotes), aunque el equipo no pasase de la primera ronda en el torneo de la NCAA, eliminado por la modesta Búfalo. Se había especulado con que el nombramiento para el cargo de entrenador jefe del serbio Igor Kokoskov, primer europeo de la historia en ocupar tal puesto en la NBA y seleccionador esloveno en el oro de 2017, suponía preparar el terreno para la llegada de Doncic, pero no fue así.

Con el 2, Sacramento hizo algo similar: metió sus fichas en Marvin Bagley III, el '4' de Duke. Hay una cierta miga en este caso, sobre el que existen versiones contradictorias. Sorprendió que un club cuya gestión es de acento balcánico, con Vlade Divac (vicepresidente de operaciones y mánager general) y Pedja Stojakovic (director de desarrollo de jugadores) tomando buena parte de las decisiones, como los fichajes de dos serbios como Bogdan Bogdanovic y Nemanja Bjelica, no fuese a por Doncic. Es más (I): Divac y el dueño de la franquicia, el multimillonario indio-estadounidense Vivek Ranadive, llegaron a estar en el WiZink observándole en vivo durante los *playoffs* de la Liga Endesa. Después, y lo contó el propio jugador, hubo incluso una cena entre las partes con Nikola Loncar, entonces comentarista de Movistar+, como anfitrión. Es más (II): el chico salió de ella convencido de que acabaría en la capital de California con un proyecto a su medida. Terminó trascendiendo que el entrenador Dave Joerger, cesado en verano de 2019 por los Kings, empujó fuerte, y sin éxito, para que se apostase por el jugador del Real Madrid. Es más (III): cuando todavía ocupaba el puesto lo dejó caer con tono triste: "Quizás asumimos que su juego tendría techo. Desafortunadamente para nosotros, a día de hoy soy incapaz de ver ese techo. Pero es genial tener a alguien como él en nuestra liga".

No faltó una interpretación más maliciosa de lo sucedido. Tim McMahon, periodista de la ESPN, soltó en un *podcast* que Sacramento pasó de Luka debido a que Divac no veía con buenos ojos a Sasha a nivel personal. "Hasta donde yo sé, el hecho de que Vlade tuviera relación con Luka y con su padre fue el factor determinante en esa decisión. Básicamente no pensó en todo el conjunto. El padre le caía mal y pensó que el hijo sería igual. Pero no, es una persona diferente", dijo. ¿Opinión o información? El desmentido de los Kings fue igual de inmediato que de rotundo y se aludió a que ya tenían un joven exterior al que desarrollar, De'Aaron Fox, elegido en el *draft* del año anterior con el número 5. En enero de 2019, Divac admitió indirectamente el error: "Luka está demostrando su talento. Estaba claro que estaba más preparado que cualquier otro chico de esta promoción porque jugó fuera, en Europa, durante tres años. Ha encajado muy bien en Dallas"[99].

La historia de Phoenix y Sacramento recuerda quizás a lo que pasó siete años atrás, cuando el Galatasaray le descartó tras realizarle una prueba, según la versión del ojea-

99 https://www.eurohoops.net/es/nba-news-es/803289/vlade-divac-sobre-luka-doncic-era-el-chico-mas-preparado-de-esta-clase-del-draft/

dor Milicevic, mientras que el Barcelona ni llegó a ofrecérsela. En ese escenario paralelo, el papel de quien le deseaba de verdad pasó del Real Madrid a los Dallas Mavericks. Y lo demostraron sus movimientos. El club tejano tenía asignado el número 5 y no estaba seguro de que a esas alturas su objetivo fuese a estar todavía disponible, ya que los Memphis Grizzlies poseían el 4 y habían amagado con ir a por Luka[100]. Así es que los teléfonos empezaron a sonar en la búsqueda de una solución. El número 3 correspondía a Atlanta Hawks y Dallas les ofreció su 5 más una futura primera ronda protegida a cambio. Y la respuesta tras los clásicos tira y afloja fue afirmativa. También en cierto modo se repetía otra historia: los Hawks también dejaron escapar a Pau Gasol en 2001 al ceder su número 3 a los Grizzlies[101]. Esta vez su apuesta fue la de Trae Young, un explosivo base anotador que también ha aterrizado muy bien en la NBA, siendo All Star en 2020. Doncic, que llegó a posar con la gorra de la franquicia de Georgia cuando su nombre fue anunciado por el comisionado de la NBA, Adam Silver, ha acabado forjando con Young una cariñosa rivalidad.

Hubiese sido interesante que Los Angeles Clippers, que se movieron con el firme propósito de conseguir la elección de Memphis con la esperanza de que con ese 4 Doncic todavía no hubiese subido al escenario, hubiesen tenido éxito

---

100 Finalmente escogieron a Jaren Jackson Jr.

101 Los Hawks también cedieron a Brevin Knight y Lorenzen Wright y recibieron a cambio a Shareef Abdur-Rahim, el *plato fuerte* de la operación, y la elección 27 de aquel mismo *draft*, con la que escogieron a Jamaal Tinsley.

finalmente. El tradicional *hermano pobre* de la macrourbe californiana ya no lo es y, con Kawhi Leonard y Paul George, se ha erigido hoy en día uno de los favoritos al anillo. Según se publicó, llegaron a ofrecer a los Grizzlies dos elecciones de primera ronda (posiciones 12 y 13) más Tobias Harris, un jugador bastante consolidado en la liga. Pero eso no les garantizaba tener a Luka y la operación no se culminó.

Nada de eso importaba ya. A nuestro chico se le notaba contento con su destino con una sonrisa que no se le borró en toda la noche neoyorquina. "He estado hablando con muchos equipos, pero especialmente con Dallas. Fueron muy amables y me alegro de que todo haya acabado así", declaró a Efe, mostrándose dispuesto a actuar en cualquier puesto que le exigiese su nuevo técnico, Rick Carlisle, que, como la vida es tan rara, fue entrenador de Drazen Petrovic cuando ejerció de asistente en los New Jersey Nets a principios de los años 90. "Puedo jugar en muchas posiciones. Creo que puedo ocupar los puestos del '1' al '4'. Cualquier cosa que necesite el entrenador. Obviamente me gusta hacer jugadas para otros compañeros, pero lo que sea que el entrenador quiera que haga, lo haré", subrayó Doncic. Según pronosticó, "lo más difícil será adaptarme al juego de la NBA. Es diferente, es más rápido, pero creo que me gustará". Se estaba preparando para ello hacía tiempo: "He estado en mi equipo con varios exjugadores de la NBA, grandes compañeros, y también he jugado contra muchos que han estado en esta liga. Todos me han enseñado. Me han hablado de lo que es la NBA durante mucho tiempo porque sabía que yo iba a llegar a ella. Así es que pienso que estoy listo".

Dirk Nowitzki, que encaraba el último año como profesional de una exitosa carrera íntegramente desarrollada en Dallas, le dio su bendición como heredero: "Lo que ha demostrado en Europa con el Real Madrid no deja ninguna duda de que estamos ante un gran jugador que a partir de ahora tendrá por delante la oportunidad de llegar muy lejos también dentro de la NBA. Es el jugador que puede colocar a nuestro equipo en el siguiente escalón de la élite". Su nuevo compañero lo agradecía: "Estoy muy feliz de jugar a su lado. Creo que puedo aprender mucho de él y hacerme mejor jugador". Sus dos historias tienen un parecido relativo: es verdad que los Mavericks maniobraron para hacerse con el alemán en el verano de 1998 después de que fuese elegido en el puesto 9 del *draft* por Milwaukee Bucks[102], pero era un jugador bastante desconocido en el baloncesto europeo ya que no había jugado a un nivel ni medianamente alto: en la segunda división de su país con el Würzburg. Todo lo contrario que Luka, obvio.

¿Quién insistió más que él en que tenía que ser la elección? Dallas es un club donde propietario y entrenador parecen ir muy en la misma idea: a pesar de que con Carlisle también ha habido temporadas muy malas, la fe que le tiene Cuban es total desde que le nombró en 2008. Hay una tercera clave de esa historia que es la del *general manager*,

---

102 En una de las operaciones más rentables de la historia, los Mavericks le consiguieron junto a Pat Garrity a cambio de Robert *Tractor* Taylor, número 6 de aquel *draft* y que promedió 4,8 puntos y 3,7 rebotes en 438 partidos en la NBA. Llegó a jugar brevemente en Vigo (LEB Plata 2005-06) y falleció repentinamente en 2011.

Donnie Nelson, que siempre ha mirado con mucha atención lo que ocurría en el baloncesto internacional[103] y que, se asegura, seguía a Luka desde que tenía catorce años. "En términos de exploración y ojeadores, la de clubs como el Madrid es una vía muy transitada", admitió.

La noche del *draft* también escenificó la compleja relación familiar de los Doncic. Sasha estuvo presente y posteriormente publicó una carta, aunque en ella no llega a aclarar los motivos: "Los dos sabemos el porqué, pero mantengamos ese nuestro pequeño secreto que nos une", escribe dirigiéndose a Luka. "¿Qué significa ser un buen padre? Ahora estoy seguro de que tengo la respuesta a esta pregunta. Nunca fui perfecto", añade. El texto posterior gira alrededor de lo mismo: el apoyo que le prestó desde sus inicios. Tiene dos errores de memoria bastante gruesos: indica que su hijo fue MVP de la primera Minicopa que disputó, la de Barcelona, en lugar de la de Vitoria un año después, y también que su triple nada más debutar fue ante Valencia y no ante Unicaja.

No solo el joven Doncic cautivó en aquella velada en Brooklyn, donde también nació otra *celebrity*. Mirjam Poterbin impresionó por su belleza a los presentes, algunos de los cuales llegaron a pensar que era la novia del chico... "Moms decent!!!"[104], escribió Andre Iguodala, entonces en

---

103 Sus informes fueron decisivos para que en 1989 su padre, Don Nelson, que entrenaba a Golden State Warriors, fichase a Sarunas Marciulionis, uno de los primeros europeos en llegar a la NBA sin pasar por la universidad norteamericana.

104 Difícil traducción: algo así como "la mamá es adecuada!!!".

los Warriors, en su cuenta de Instagram. No hay que olvidar que otra mujer eslovena muy bella, Melania Trump (su apellido original es Knavs), es la primera dama de Estados Unidos desde 2017. Curiosamente, ambas se conocieron cuando eran muy jóvenes en Eslovenia y trabajaban como modelos. La tercera esposa de Donald Trump emigró poco después, algo que ha terminado haciendo también Mirjam para seguir de cerca la carrera de su hijo, tanto en Madrid como en Dallas. Se calcula que hay unos 180.000 eslovenos viviendo en Estados Unidos.

Pero a Luka no le gusta nada el *salseo*, como dicen los chicos de hoy en día, así que sigamos.

AMOR ETERNO AL MADRIDISMO

A LOS POCOS DÍAS, EL 29 DE JUNIO DE 2018, Luka Doncic también hizo pública su propia carta, en su caso de despedida. El texto emocionó al madridismo. Mejor reproducirla literalmente, ¿no?

"Jugar al baloncesto es mi vida. Mi madre siempre dice que no me recuerda haciendo otra cosa que no fuera botar un balón de baloncesto.

Yo tampoco me acuerdo.

Me siento muy afortunado. Cuando tenía trece años y me vine a vivir a Madrid, pensaba en cumplir mi sueño de ser un buen jugador de baloncesto. Lo que nunca pensé es que ese viaje era el inicio de un camino que me llevaría a cumplir no uno, sino dos sueños que solo se hacen realidad en las películas: he sido jugador del mejor club del mundo y, ahora, voy a jugar en la mejor liga del mundo.

Lo bonito del baloncesto es que es uno de los deportes en los que más dependes de tus compañeros. Y no me refiero solo a los extraordinarios jugadores con los que he tenido la suerte de compartir cancha y que me han permitido aprender de ellos como profesionales y como personas. Un equipo somos muchos: el presidente, los directivos, los entrenadores, los médicos, los fisios, los delegados, los utilleros, los empleados del club... a todos, gracias, gracias, infinitas gracias. Y, especialmente, a Alberto Angulo, Pablo Sañudo, Dani Sarto[105] y Paco Redondo, que recibisteis a un niño esloveno que no tenía ni idea de español y me cuidasteis como se cuida a un hijo, hasta hacerme un hombre. Os quiero mucho.

Como también quiero muchísimo al Real Madrid, un club que me lo ha dado todo: los más grandes éxitos deportivos, los valores que me acompañarán toda la vida y esa capacidad de lucha que te hace no rendirte jamás, sea cual sea el desafío.

También quiero dar las gracias a los medios de comunicación por tratarme con respeto cuando era un niño y por juzgarme con cariño cuando me hice mayor.

Hoy escribo esta carta para despedirme especialmente de vosotros, de la afición que me ha apoyado siempre, perdonado mis errores y disfrutado con mis aciertos. Esa afición que me puso la carne de gallina con aquella ovación en ese primer triple que se jugó un niño de dieciséis años y a la que sentí muy cerca cuando anoté mi último tiro (otro triple, qué manera de cerrar el círculo) a 350 kilómetros de lo que siempre consideraré mi casa. Muchas gracias por tanto. Os llevo en mi corazón.

A partir de ahora, tenéis un madridista más en Dallas. Pero como dijo Terminator: ¡Volveré!"

105 Tutor residencial del Real Madrid en Valdebebas tras haber ejercido como entrenador en varios equipos de categorías inferiores.

No fue una iniciativa nueva. A menudo los deportistas difunden este tipo de cartas cuando se marchan de un club con el que han estado muy identificados. Pero Luka ha demostrado desde entonces que sigue muy pendiente de lo que sucede en el Real Madrid, por muy lejos que esté, por muchos y complicados retos que tenga que afrontar en una competición diferente. Que lo sigue sintiendo muy profundamente.

Habitualmente el canal para seguir conectado con el madridismo han sido sus perfiles en las redes sociales. Apenas dos meses después de la carta colgó un vídeo en el que aparecía en un gimnasio haciendo ejercicios de fuerza con *Hala Madrid y nada más*, el himno escrito por Manuel Jabois con motivo de la décima Copa de Europa ganada por la sección de fútbol, a toda pastilla. Para sorpresa de todos, lo mismo sonó por la megafonía del American Airlines Center de Dallas cuando el 19 de diciembre de 2019 recogió el premio como mejor jugador de la Conferencia Oeste en el mes de noviembre. Y en la Copa del Rey de unos meses antes en la que los blancos acabaron derrotados con polémica por el Barcelona en la final, Luka no dudó en elogiar a través de Twitter (*@luka7doncic*) la actuación que estaba protagonizando Gustavo Ayón: "Cómoooo estaaá mi mexicanoooo!!! Vamosss Madrid!!"[106].

---

106 17 de febrero de 2019, 93-94 con canasta decisiva de Ante Tomic. Los árbitros la concedieron pese a que el tapón de Anthony Randolph pareció legal.

No ha dejado tampoco de seguir al Madrid de fútbol. Siempre dijo que uno de sus momentos más especiales se produjo cuando vio por televisión el gol de Sergio Ramos ante el Atlético en Lisboa en 2015 que terminó conduciendo a la décima Copa de Europa. "Gritamos como locos", apunta. En una *multiconferencia* para los medios que organizó la NBA, y en plena crisis de resultados del equipo, se le preguntó a quién echaba más de menos al club, si a Cristiano Ronaldo o a él. "Creo que a Cristiano, porque es uno de los mejores del mundo", respondió. El 5 de enero de 2019 aseguró que prefería al portugués, ya por entonces en la Juventus, por encima de Leo Messi. Aunque iba al Bernabéu cuando podía, a *CR7* no le conoció demasiado. "Solo hemos asistido a un par de cenas conjuntas entre las dos secciones. Los futbolistas son tipos completamente normales. Una vez, Cristiano y yo nos sentamos juntos y hablamos de cosas cotidianas", contó Luka en 2017[107]. Aquello había ocurrido dos años antes y, según captaron las cámaras de Cuatro, el futbolista le preguntó dónde había nacido. Durante una época también acudió siempre que le era posible al estadio Alfredo di Stéfano del complejo de Valdebebas a ver al filial, el Castilla, de Segunda División B.

En mayo de 2019, una vez concluida su primera campaña en la NBA, siguió los dos primeros encuentros de la serie final de la Liga Endesa entre Madrid y Barça en vivo, a pie de

---

107 https://www.slovenskenovice.si/sport/eurobasket/luka-doncic-z-vidmarjem-se-nihce-ne-upa-saliti-lahko-te-udari-s-svojo-ogromno-roko

pista, en el WiZink. Por descontado fue ovacionado varias veces por la hinchada, que le mantiene intacto un cariño que parece ilimitado. Cuando Lucio Angulo se acercó a él con el micrófono de Movistar+, volvió a refrendar su *religión*: "Soy madridista a tope, siempre veo los partidos en Dallas o aquí (en Madrid) y estoy más nervioso que cuando los jugaba". Señaló con su clásica naturalidad que "no esperaba jugar tan bien" como *rookie* y que había sido "una temporada increíble".

También estuvo en el pabellón de Goya el 21 de septiembre de 2019, en la Supercopa Endesa, para presenciar la victoria de su equipo ante el Fuenlabrada en semifinales (116-61) y ante el Barcelona en la final (89-79). Las imágenes que distribuyó la ACB de su encuentro con Florentino Pérez, mientras se abrazaban, transmitían un buen rollo evidente.

LUKA DONCIC: ¡Hombre!
FLORENTINO PÉREZ: Ya era hora de que volvieras al Madrid.
L. D.: ¿Qué tal, presi?
F. P: Yo muy bien, ¿y tú?
L. D.: Bien, bien.
F. P: Ahora me tengo que quedar a ver los partidos de madrugada por verte a ti.
L. D.: ¿Los míos?
F. P.: ¡Claro!

En aquellas fechas, *The Atlantic* impulsó un reportaje sobre la especial relación que mantienen todavía club y jugador, incluyendo unas declaraciones de Pablo Laso. "Que

Luka nos siga, para nosotros es muy importante. Al final, es un chico que vino aquí a los trece años. Lo vimos crecer todos los días y convertirse en un mejor jugador y en una mejor persona. Estamos muy orgullosos de que nos siga, que publique cosas en las redes sociales y que vea nuestros partidos. Habla muy bien de él como persona y también de nosotros como organización."

Doncic incluso salió de su habitual aversión a las declaraciones controvertidas cuando, preguntado si entendía el agrio recibimiento que le dispensó la afición madridista a Nikola Mirotic tras su fichaje por el Barça, señaló: "Creo que él lo sabe. Es normal que tenga eso, todo lo que se ha creado en Madrid. No solo ha jugado en Madrid, es que el Real Madrid lo crió". Y fue más allá cuando aseguró que "nunca" haría lo mismo. "El Madrid es mi familia", espetó[108].

El 29 de diciembre de ese año publicó una captura en la que dejaba claro que se despertaría a las 9.30 (hora de Los Ángeles, donde se encontraba) para ver el clásico baloncestístico. Once días antes, el día en el que se disputó el Barça-Madrid futbolístico en el Camp Nou, insertó un fotomontaje donde aparecía con la equipación blanca de fútbol. A ello respondió Marc Gasol haciendo lo mismo con la azulgrana. Otro momentazo se había producido unos meses antes, cuando vio a una niña con la camiseta del Madrid en la visita de los Mavericks a Boston y rápidamente se acercó a ella para regalarle sus zapatillas.

---

108 https://as.com/baloncesto/2019/11/15/nba/1573823149_459698.html

En el All Star de Chicago'2020 siguió idéntica línea, pese a que vivía un momento histórico e irrepetible en lo personal. Cuando le preguntaron qué era lo que más añoraba de Europa, respondió sin dudar que "el Real Madrid", pese a que los inicios fuesen complicados. "Tenía muy buena gente conmigo, jugadores que me ayudaron mucho. Con trece años y sin saber nada de español y poco inglés, al principio fue duro. Los primeros meses fueron un poco tristes, no podía hablar con casi nadie. Después ya me fui adaptando muy bien", rememoró. También dijo que Campazzo llevaba mucho tiempo mostrando las suficientes facultades para dar también el salto a la NBA.

Tras renunciar a participar en el concurso de triples del sábado, el domingo, día del Partido de las Estrellas, estuvo pendiente de lo que sucedía con su equipo del alma en Málaga, donde jugaba la final de la Copa del Rey ante el Unicaja. Su contundente triunfo (68-95) le empujó a tuitear en varias ocasiones durante el choque, aunque se comiese alguna tilde y alguna mayúscula. Primero "Que nivel de madrid!! Increible", luego "vaya clase de baloncesto el madrid", después "CAMPEONES!!! #halamadrid" y finalmente un elogio al palmarés de Laso: "espectacular!!!!!".

¿Volverá algún día? Poco después de publicar la carta, su propio pronóstico es que lo hará "con 38 o 39 años, con el rol de veterano para ayudar a los jóvenes. Eso me gustaría"[109]. Que quede claro que el T-800 encarnado por

---

109 https://www.marca.com/baloncesto/nba/2018/08/03/5b642d49468aeb52708b45df.html

Arnold Schwarzenegger cumplió su palabra. Y que regresó con mayor capacidad destructora, así es que cuidado con lo que pueda pasar en la temporada 2037-38.

LOS DONCICS DE DALLAS

CUANDO TE QUIEREN EN UN SITIO y te reciben con los brazos abiertos, todo es más fácil. Es el resumen sencillo de la historia de Luka Doncic en Dallas, un poco paralela a la que vivió en el Real Madrid. No, cuando viajó a la ciudad tejana ya no era aquel niño que hasta lloró algunas noches echando de menos a familia y amigos de Liubliana, pero sí alguien que descubría un nuevo universo al que debía adaptarse lo antes posible para poder sacar lo que llevaba dentro.

Nacidos en 1980, los Mavericks han tenido, desde entonces, una larga historia de altos y bajos, un poco como casi todos los equipos de la NBA por el peculiar sistema que intenta repartir el talento a través del *draft* y las normas financieras. El título de 2011, el único que han logrado en su historia, fue la culminación de una gestión muy agresiva de Mark Cuban, el multimillonario que en 2000 compró el club por 285 millones de dólares. La ambiciosa incorporación de Doncic se encuadra dentro de la misma filosofía de otras operaciones que a veces han salido bien y otras no tanto. La cuestión es que los Mavs venían de una temporada 2017-18 muy floja (24-58 de balance). La gran esperanza del equipo era Dennis Smith Jr., un explosivo base que ocupó el número 9 del *draft* de 2017. En principio se veía a Luka como escolta-alero en la NBA, lo que situaba a dos veteranos potentes físicamente como Harrison Barnes y Wesley Matthews como posibles rivales. Pues bien: a los pocos meses, ninguno de los tres estaba ya en la plantilla: el escenario se clarificó para que Doncic, pese a ser un novato, soportase sobre sus hombros el peso de la franquicia, ayudado a corto plazo por otro jugador europeo como Kristaps Porzingis. Con el letón, descontento en los Knicks y que había sufrido una grave lesión, ya había tenido algún guiño de complicidad en el pasado. Ellos dos estaban designados para dibujar el futuro... y el presente en el American Airlines Arena.

Desde antes de aterrizar en el aeropuerto de Fort Worth, Luka cayó en gracia y generó toneladas de ilusión, firmando el 7 de julio un contrato por los máximos que permite la liga para un *rookie* elegido en el puesto 3 del *draft*: 6,5 millones de dólares el primer año, 7,6 el segundo, 8 el tercero y 10,1 el cuarto, estos dos últimos opción del club. Además, dejó en el Real Madrid una buena cantidad para rescindir su compromiso: unos dos millones de euros, aunque está claro que vale mucho más que eso.

Estuvo arropado por un Dirk Nowitzki del que se sabía que afrontaba su último año como profesional y al que se le asignó el papel de mentor, algo similar a lo que sucedió unos años atrás con Nocioni en el Madrid. Se fichó a DeAndre Jordan, uno de los mejores pívots defensivos de la NBA, pero no funcionó y a los pocos meses estaba rumbo a los Knicks en la misma operación que trajo a Porzingis y permitió la salida de Dennis Smith y Matthews. Fue muy significativo que el club se deshiciese de Jordan a los pocos meses de esperar muchos años para ficharle y no parece casualidad que la operación se produjese poco después de una extraña jugada en la que llegó a empujar a Luka para sumar para la estadística un rebote ¡siendo su propio compañero!

Sin haber jugado un solo minuto aún, su camiseta con el número 77 se empezó a vender muchísimo en la tienda de los Mavericks. Él realizó una primera toma de contacto de apenas una semana en la ciudad buscando vivienda e incluso acudiendo a su lugar más lúgubre y al tiempo famoso: la plaza Dealy, donde fue asesinado John Fitzgerald Kennedy en 1963 en circunstancias nunca del todo aclaradas. En pretemporada, su estreno en amistoso fue ante un rival de poco nivel como los Beijing Ducks (16 puntos en 30 minutos, 116-63) y, tras alguna prueba más de que podía cuajar pronto, la expectación alrededor suyo se centró en lo que pudiese hacer en los encuentros ya oficiales de la temporada regular. Aunque le tenía mucha fe ("que nuestros aficionados compren los abonos para verle o lo lamentarán mucho"), Carlisle era todavía reticente a darle las riendas del equipo, que pertenecían a un Dennis Smith con el que estaba cultivando una buena relación. Estaba pasando el ritual de novatadas, como la de tener que bailar, bastante ruborizado, antes de un entrenamiento.

Llegó el gran día: el 17 de octubre de 2018, los Phoenix Suns le amargaron el debut (121-100), en medio de problemas con las faltas (tres en la primera parte) y unos números que no llamaron la atención demasiado (10 puntos, 8 rebotes y 4 asistencias). Aun así, se mostraba contento: "Es un día especial para mí. Estoy feliz de hacer realidad mi sueño y me he sentido muy bien. Sé que puedo jugar mucho mejor y la verdad es que no he hecho mi mejor partido. Solo hay que trabajar eso y seguir. Tenemos todavía 81 partidos por delante". Se lo tomó al pie de la letra: en los dieciocho encuentros siguientes superó esa anotación de 10 puntos, incluyendo los 26 de su segundo día en la NBA, ante Minnesota Timberwolves. Ayudado por una presencia cada vez mayor en todos los aspectos del juego, al estilo de lo que había hecho no hacía tanto en el Real Madrid, los Mavericks ganaban más partidos de lo que se esperaba en principio, llegándose a hablar de que lucharían por estar en los *playoffs*.

Fue cuestión de tiempo que empezase a entrar en las quinielas para ser seleccionado para el All Star Game, ayudado por el voto de los aficionados. Tuvo un diciembre espectacular, clavándole 32 puntos a los Clippers y coqueteando en varias ocasiones con el triple doble. En los resúmenes de cada jornada era cada vez más habitual su presencia protagonizando jugadas destacadas más basadas en la calidad que en la fuerza física. Y en el Madrid no se olvidaban de él: a través de Twitter, Pablo Laso ironizó sobre un comentario televisivo en el que se sorprendían de su capacidad de resolver partidos apretados. "[El comentarista] No lo ha visto mucho", escribió su antiguo entrenador, culminándolo con un icono pensativo.

Muy pronto obtuvo la consideración de las leyendas de la liga, empezando por el propio Nowitzi: "Tiene una tremenda presencia y voluntad de tener el balón en las manos en los momentos calientes... Eso normalmente viene de la experiencia. En vez de llegar a la NBA pensando 'lo conseguiré', se presentó pensando 'lo voy a conseguir a lo grande'. Lo ha demostrado desde el primer día". No le dio pudor aparecer feliz con una camiseta firmada de uno de sus ídolos, LeBron James, que acababa de llegar a los Lakers. A él se enfrentó ese mismo día y se ganó su respeto por cómo se comportó en los últimos minutos (victoria del equipo de Los Ángeles por 114-113): "Creo que los jugadores europeos se desarrollan más rápido que los de la NBA, es decir, que los estadounidenses. Creo que ha estado en una etapa *pro-desarrollo* ¿durante cuántos años? ¿Desde que tenía quince? Por eso no pienso que esto le intimide. No creo que este tipo de partidos sean algo que no haya visto antes. Eso es lo mejor del baloncesto europeo, del baloncesto profesional allí: desarrollan a sus jugadores a edades muy tempranas". Un mes después, Doncic le colocó dos taponazos que dieron muchísimo que hablar. "Apareció de la nada, no le vi venir", se lamentaba *el Elegido*. Le debió coger especial aprecio porque a las dos semanas hasta aseguró que le gustaría jugar con él. "Quizás algún día" fue la respuesta del novato. Poco después, otra leyenda que le empezó a sufrir fue James Harden con los Houston Rockets, que a falta de 3 minutos ganaban por 8 puntos a los Mavs y acabaron perdiendo por una furiosa reacción de Doncic (107-104). Anotó 11 en ese tramo final, incluyendo el triple decisivo. ¿Tendría algún *flashback* de lo que pasó en aquel Náutico-Real Madrid B de Liga EBA?

Día espectacular fue el 28 de diciembre, cuando estuvo santo pero no inocente ante los New Orleans Pelicans, a los que les hizo 34 puntos (sería su tope de toda la temporada) y 7 triples de 10 intentos. El chico que había viajado un par de veranos a Estados Unidos para aprender a tirar de tipos como Kyle Korver parece que había tomado buena nota de todo. Empezaron a llamarle *el Matador*, así, en español, un idioma que habla el 30% de la población de Texas. Cada vez que tenía ocasión, aprovechaba para decir lo feliz que se encontraba y que no esperaba jugar tan bien, pero también deslizaba que, aunque el vestuario de los Mavericks le había acogido con calor, lo que más echaba de menos era a sus compañeros del Real Madrid "por cómo lo pasábamos juntos" y al propio Laso, al que llegó a calificar de "padre" para él. Las reprimendas públicas, como la de la Final Four de la Euroliga en 2017, no generaron grietas entre ellos, sino todo lo contrario.

El 2 de enero, en el primer partido del 2019, se produjo otra escena inolvidable para él: Dallas se enfrentó a Charlotte Hornets, donde estaba Willy Hernangómez, que era y es mucho más que un excompañero de equipo. Ambos tejieron una fuerte amistad cuando coincidieron siendo *los niños* del primer equipo del Real Madrid en la temporada 2015-16. "Compartíamos habitación en los viajes. Muchos días se quedaba en mi casa con mis padres[110], siendo un hermano más de la familia...", desvela el pívot español, que le lanza una simpática puya al esloveno: "¡Cada vez que venía nos dejaba sin jamón!". El mayor de los Hernangómez recuerda cómo "un día le vi aparecer con nosotros en la primera plantilla. Ya conocía lo bueno que era porque le había

---

110 Los exjugadores Guillermo Hernangómez y Wonny Geuer.

seguido en categorías inferiores. Estaba claro que tenía un talento especial. Enseguida se puso manos a la obra y encajaba perfectamente, no parecía un chico normal de su edad. Desde el primer momento fue profesional e incluso poco a poco se ganó el respeto siendo tan joven". Y se apunta a los que tuvieron siempre claro que sería una figura de primerísimo nivel: "Todos estábamos muy pendientes de él, ese descaro, la manera para anotar y ver el juego tan fácil que tenía... Sabíamos un poco que algo estaba pasando que no era normal y a día de hoy no nos equivocamos con aquello. Es increíble que ya sea una estrella siendo tan joven, pero sigue siendo la misma persona, tiene la cabeza puesta en seguir mejorando aún más y es muy ambicioso. Conseguirá todo lo que se proponga como ya ha hecho hasta ahora. Cuando siendo tan joven te conviertes en MVP y campeón de la Euroliga, sabes que estás a un nivel superior que el resto. Llegó lleno de confianza a la NBA".

Para Willy, "su talento es innato, pero hay que saber explotarlo, y Luka con todo el trabajo que hace y la ética de trabajo que tiene lo ha sabido aprovechar al máximo. Nos falta por ver qué más cosas es capaz de hacer. Llegará un momento en el que se convierta en el mejor europeo de la historia, no me cabe duda. En cuanto a su humildad, tiene una gran familia que le apoya y que le ha acompañado en todo momento". La conexión entre ambos, pese al destrozo que le hizo aquel 2 de enero Doncic a los Hornets (18+10+4 en el rotundo 84-122), continúa intacta. "Seguimos siendo buenos amigos y compartiendo momentos. Nunca he tenido la sensación de que nada se le subiese a la cabeza a pesar de lo joven que es y la carrera deportiva que lleva. Semanalmente hablamos, nos preguntamos y nos ponemos al día junto con mi hermano Juancho. Encontrarnos es genial. Siempre son partidos especiales cuando se trata de familia o amigos como Luka. Intentamos cenar la noche antes del partido y desconectamos un poco hablando de otras cosas", relata. Y se despide con una anécdota: "En la final de ACB 2015-16 que ganamos, Luka se acercó al banquillo y me dijo: 'Ponte algo bonito esta noche que vamos a ganar la liga'. Y sucedió. El espíritu madridista que tiene y la plena confianza nos hacía grandes a todos".

De vuelta a los días de la primera temporada en la NBA, no todo podía ser tan bonito. Dallas acumuló seis derrotas consecutivas coincidiendo con el periodo navideño y se le empezó a acabar la capacidad de sorpresa. Intentando lidiar contra el clásico bajón que sufren los novatos mediada la temporada, el *rookie wall*, Luka seguía a lo suyo y por fin se hizo con el triple doble que estaba rondando. Sucedió el 21 de enero del 2019 ante Milwaukee Bucks. Pese a la derrota (116-106), estuvo omnipresente con 18 puntos, 11 rebotes y 10 asistencias, siendo el segundo jugador más joven en lograrlo, solo superado por Markelle Fultz[III]. Su reacción en los vestuarios sorprendió a todos: "He jugado muy mal, seguro. He logrado un triple doble, pero hubiera preferido ganar".

III El 12 de abril de 2018, siendo jugador de los Sixers, logró 13 puntos, 10 rebotes y 10 asistencias en la victoria ante los Bucks (130-95). Tenía 19 años y 317 días, arrebatando así el récord a LeBron James (20 años y 20 días).

Acudir al All Star Game de Charlotte se le escapó, seguramente influido por la mala racha de su equipo. No pudo ser ni titular (recibió muchos votos populares, pero se vio perjudicado por los emitidos por jugadores y periodistas) ni suplente (no fue escogido por los 30 entrenadores de la liga). Se trataba de un logro muy complicado que solo han alcanzado dos jugadores en las dos primeras décadas del siglo XXI (Yao Ming en 2003 y Blake Griffin en 2011) y cinco más en los últimos 30 años (David Robinson en 1990, Dikembe Mutombo en 1992, Shaquille O'Neal en 1993, Grant Hill en 1995 y Tim Duncan en 1998). "Me sentí muy decepcionado", confesó. Es lo que tiene ser adicto a pelear por sueños, ¿verdad? Por descontado, sí acudió al partido de los jóvenes, el Rising Stars Challenge (13 puntos, 9 asistencias y derrota por 161-144 con el combinado mundial ante el norteamericano): "Hemos perdido, pero en este partido eso no es lo importante. Lo importante son los aficionados y creo que se lo han pasado bien. Yo por lo menos me he divertido mucho. Lo mejor ha sido esa actitud, la diversión, dar un buen espectáculo". También participó en el concurso de habilidades, en el que fue eliminado en la segunda ronda (victoria del *celtic* Jayson Tatum).

En la recta final, pensando ya en la 2019-20 con el intercambio de Porzingis ya ejecutado pero sin poder tenerle en cancha aún, abundaron las derrotas, sobre todo cuando el equipo se quedó sin opciones de entrar en los *playoffs*. Doncic bajó un poco su rendimiento, quizás porque arrastraba problemas en una rodilla, siendo incluso baja en algunos encuentros. No faltaron noches grandes como la del triple doble a los vigentes campeones, Golden State Warriors (23 puntos, 11 rebotes y 10 asistencias), que acabaron apabullados (91-126). O la visita a Miami Heat, cuando se juntaron casi 2.000 eslovenos que viven en Florida y alrededores para seguir el duelo entre dos glorias nacionales, Doncic y Goran Dragic (105-99 para los locales). Dallas terminó con un balance de 33-49, penúltimo de la Conferencia Oeste, y Doncic firmó 21,2 puntos, 7,8 rebotes y 6 asistencias en 32,2 minutos, unas cifras que solo habían alcanzado Oscar Robertson, Michael Jordan, LeBron James y Tyreke Evans su primer año en la NBA. Nunca había pasado que un mismo jugador fuese nombrado *rookie* del mes de su Conferencia las cinco veces que era posible.

Y es que la batalla para ser el novato del año estaba clara desde el principio: su único oponente podía ser, lejanamente, Trae Young, que estaba acreditando también buenos números en Atlanta Hawks. El pique entre ambos siempre acababa en abrazos sobre el parqué. "Luka es un tío grande y creo que va a ser un gran jugador. Pero al mismo tiempo creo que yo voy a ser mejor. Solo por mi habilidad para abrir la cancha y mantener a otros jugadores involucrados. Creo que por eso seré mejor", comentaba en *Sports Illustrated*, defendiendo que ambos clubs habían acertado en el movimiento para intercambiar sus posiciones de *draft* el verano anterior.

El número 1 del *draft*, DeAndre Ayton, también se mostraba cautivado por Luka: "Veo sus partidos siempre que puedo y es una bestia. Me quedo como '¿qué demonios? No es posible que Doncic sea un novato'. Eso es lo que digo a veces cuando le veo jugar. Ya ha sido profesional con anterioridad, ha estado en este tipo de situaciones", aventuró. La suerte estaba echada: el 25 de junio se confirmaba su nombramiento en una votación que no dejaba lugar a las dudas: 98 de los 100 votos posibles le señalaban a él (los otros dos fueron a Young). Pau Gasol (2002) dejaba de ser el único europeo que conseguía el premio.

Por descontado, en Dallas se seguían pellizcando por si era un sueño lo que estaba sucediendo con él. Sus dos mejores amigos en el vestuario fueron el tunecino Salah Mejri, con el que coincidió brevemente en el Madrid en la 2014-15, y el puertorriqueño Juan José Barea. "Nunca he visto a alguien disfrutar tanto del juego como Doncic. Si hace algo que le sale bien, no puede parar de sonreír, incluso en los entrenamientos. No es rápido pero juega a un gran ritmo, siempre mantiene el partido bajo su control", señaló este último. Mejri ya había vaticinado tras el *draft* que Luka, al que definió como su "hermano pequeño", sería el *rookie* del año.

Carlisle proclamó que era "una bendición entrenarle" y que "puede hacer lo que quiera en una cancha de baloncesto". "Está teniendo una de esas carreras mágicas. Es algo fenomenal de ver y tener la oportunidad de participar de esa realidad. Tiene todavía un amplio margen para mejorar en todas las facetas del juego, pero lo que es más impresionante es que las domina todas, tiene los fundamentos, y además hace todo de una manera fácil, sin que le cueste ningún tipo de esfuerzo. Todo le fluye con una naturalidad que abruma, mucho más a los rivales." Por su parte, el propietario, Mark Cuban, se confesaba "entusiasmado", calificando a Doncic de "auténtico negocio", lo que viniendo de alguien cuya fortuna estimada es de 3.300 millones de dólares quiere decir algo. "Sabía que iba a ser increíble, pero no tan rápido. Es muy divertido verlo jugar, eleva el nivel de todos a su alrededor. Está liderando el equipo, es genial", añadía. Quizás era broma, pero llegó a decir que estaba empezando a aprender esloveno, pero "es muy difícil".

En suma, cogió experiencia y prestigio y lució al máximo a la espera de un mejor momento de la franquicia, que, con sus operaciones en el mercado, dejó claro que le otorgaba el papel de líder. Apenas se vio envuelto en jaleos innecesarios en toda la temporada, aunque sí hubo al menos dos momentos malos. No entró al trapo ante unas declaraciones de Kevin Durant en las que llegaba a argumentar que su nivel deportivo era tan alto porque había descuidado el académico. ¿Había algo de menosprecio disfrazado de elogio en lo que dijo el entonces jugador de los Warriors?: "Está jugando de maravilla. Su tacto para el juego, su tiro de tres en *stepback*... es grande y fuerte, ejecuta bien el bloqueo y continuación. Jugó en Europa la temporada pasada mientras que el resto de novatos estaban en la universidad. Así que él ya aprendía en la segunda mejor liga del mundo sin tener que ir a clase, a las salas de estudio... nada de todas esas actividades extra con las que sí tenían que cumplir el resto de los chicos. Él lleva pudiendo concentrarse solo en su juego desde, tal vez, los catorce años. Eso le da ventaja y se nota que no es inseguro, no tiene miedo en los momentos importantes. Va a ser una fuerza en la NBA". En realidad, no era muy distinto a lo que había sostenido unas semanas antes LeBron, pero lo de Durant nunca ha sido el tacto. Además, Doncic sí acudió a clase durante sus años en Madrid.

Tampoco fue agradable lo sucedido ante los Pacers el 19 de enero, cuando fue descalificado al cometer una falta antideportiva y después recibir una técnica al patear el balón. "Solo estaba haciendo malabares", explicó con ironía. Luego acató la multa de 10.000 dólares. Fue uno de sus peores días en la NBA (8 puntos), pero es una competición en la que todo pasa rápido y que ofrece revancha a las pocas horas o, a lo sumo, días. A Doncic le esperaba su segundo año entre los mejores a la vuelta de la esquina, aunque por el medio se viese obligado a morirse de pena viendo el Mundial de China por televisión. Los hay que no se cansan nunca de competir.

AL ALL STAR (DE KOBE) EN LA SEGUNDA TEMPORADA

COMO ES HABITUAL, y liberado, esta vez forzosamente, de estar con la selección, Luka pasó el verano de 2019 entrenando fuerte, muy centrado en perder peso y ganar fibra. No era ningún secreto que para seguir peleando contra los mejores y dar el paso adelante que él mismo era el primero en exigirse necesitaba mejorar físicamente. Rick Carlisle lo agradeció de forma especial en la prensa de Dallas a mediados de agosto: "Sé que está trabajando duro. Es una progresión natural que todos los jugadores necesitan cuando pasan del primer al segundo año, especialmente alguien como Luka, que tuvo un gran primer año. Vendrán a por él y el trabajo continuo del cuerpo y el acondicionamiento y el desarrollo de su juego lo mantendrá en la dirección para convertirse en un gran jugador". También contaba que a Doncic le veía "ilusionado" por el hecho de jugar al lado de Kristaps Porzingis.

No se equivocaba. Para dar el salto de buen jugador a superestrella se necesita ese *algo más* que solo tienen los mejores para hacer el último esfuerzo. El suyo fue perder nueve kilos, como confesó. "Ahora soy más rápido, así es que mi defensa también será mejor", pronosticó, añadiendo que quería "mejorar en todo, dar mejores pases, hacer mejores tiros, ser mejor. Estoy entrenando cinco días a la semana, fines de semana incluidos".

Sin embargo, en las oficinas de los Mavericks el trabajo en el mercado para conseguir una plantilla mejor no resultó muy fructífero, la verdad. Entre las incorporaciones estaba otro europeo, el gigante serbio Boban Marjanovic, especialmente contento de haber prolongado su carrera en Dallas después de etapas en Spurs, Clippers y Sixers en las que intentó luchar contra su fama de jugador contracultural por su gran tamaño y no excesiva movilidad. Con Luka hizo rápido buenas migas: "Es un chico increíble y un jugador brillante, con capacidad para hacer tantas cosas... Es único, tiene una gran personalidad, puede hacer cualquier cosa literalmente con la bola en las manos". También llegaron Seth Curry, especialista en el triple y hermano del celebérrimo Stephen, y el alero Delon Wright. La elección del *draft* con el número 10 se había traspasado a Atlanta Hawks en la operación para conseguir a Luka un año antes[112]. Se echó de menos conseguir a algún agente libre de auténtico prestigio para formar un *big three* tan al uso hoy en día en la NBA. No llegaron a buen puerto las conversaciones con Kemba Walker y Khris Middleton, lo que indudablemente dio más responsabilidad a nuestro protagonista.

En septiembre se vio envuelto en una absurda polémica: las Minnesota Lynx, equipo de la WNBA, le criticaron públicamente por publicar un vídeo de apoyo a Arike Ogunbowale en su lucha por ser la novata del año en la liga profesional femenina. "Esto lo dice un tipo que no ha estado en un partido de la WNBA en toda la temporada, pero

112 Los Hawks escogieron al alero Cam Reddish.

que le enviaron una camiseta y grabó un video con guion", escribió en Twitter el club de Minnesota, que defendía así la candidatura de su jugadora Napheesa Collier[113]. No son habituales este tipo de ataques entre franquicias, y menos personalizando en los deportistas. Doncic optó por no responder.

Cuando llegó a Dallas, una de sus primeras declaraciones fue señalar como objetivo posible acabar como mejor asistente de la NBA en la nueva temporada, pero lo cierto es que, aunque mejoraron sus números en esa estadística, lo que ha ido teniendo cada vez es mayor responsabilidad a la hora de mirar a canasta. Poca discusión al respecto cuando en el primer partido de la temporada 2019-20 igualó su récord anotador (34) en el triunfo ante Washington Wizards (108-100). La primera mitad de campaña resultó estupenda, incluyendo varios triples dobles, algunos de ellos consecutivos, y desatadas exhibiciones anotadoras como los 42 puntos que les clavó a San Antonio y Phoenix y los 41 a Houston y Detroit. En este último partido, disputado en Ciudad de México, se metió al público en el bolsillo hablándoles en los prolegómenos en su perfecto en español y rematando su discurso con un "¡Viva México, güey!", acento azteca incluido.

Su incontenible torrente de baloncesto ensombreció momentos más difíciles, como cuando en el último minuto realizó un intento de triple sin sentido ante los Knicks que

113 El premio lo terminó ganando Collier, que obtuvo 29 de los 43 votos posibles. Ogunbowale se llevó los 14 restantes.

condenó a Dallas (102-106). Solamente le inquietaron un esguince de tobillo ante Miami Heat que le tuvo de baja cuatro partidos y un incidente con Marquese Chriss (Golden State Warriors), que en la lucha por un balón le empujó contra el público. Luka no se arrugó y se encaró con su oponente, que acabaría recibiendo una multa de 35.000 dólares por su acción. Y es que los rivales cada vez le tienen más miedo. Lo mejor de todo es que el equipo ha revertido su dinámica perdedora de los últimos años, y eso que a Porzingis le costó recuperar el nivel que exhibió en Nueva York antes de su lesión y que Dwight Powell también estuvo de baja desde enero. Entre el torrente de datos históricos que fue acumulando Doncic quizás haya que quedarse con uno: cuando alcanzó sus primeros cien partidos en la NBA acumulaba 2.332 puntos, una cifra que nadie había logrado desde Shaquille O'Neal.

El guion de la temporada en toda la NBA cambió el 26 de enero de 2020 con la noticia más terrible de los últimos años en el mundo del baloncesto. La leyenda Kobe Bryant, su hija Gianna y otras siete personas fallecieron al estrellarse el helicóptero en el que viajaban hacia un entrenamiento de la niña en la Mamba Academy. La tremenda conmoción posterior no resultó nada ajena para Doncic, que semanas atrás había protagonizado una escena muy curiosa con el prolífico anotador de los Lakers durante un partido en el Staples Center. El jugador de los Mavericks se disponía a sacar de banda cuando recibió un cariñoso toque desde atrás por parte de Bryant. Cuando se giró, ambos se dieron la mano entre risas. El propio Doncic contaría que le dijo que Kobe, siempre interesado en los idiomas (bien es sabido que habla con fluidez el italiano por su infancia allí y también el español) le dijo algo en esloveno, una palabra malsonante, y él se quedó petrificado. Otra muestra de la consideración que estaba empezando a conseguir desde las más grandes figuras de la canasta, aunque ya se conocían de antes, del verano de 2018, cuando Luka todavía no había debutado y exhibió en sus redes sociales una camiseta firmada de los Lakers con el número 24 que le había regalado Kobe.

Tres días después del accidente, en el siguiente partido de Dallas, saltó a pista con unas zapatillas en las que había escrito los nombres de las nueve personas fallecidas y prometió a sus familias "hacer cualquier cosa que necesiten". Como en todas las canchas de la liga, la emotividad llegó a tal punto que no pudo contener las lágrimas durante el choque. Preguntado por Kobe posteriormente en vestuarios, respondió que él y LeBron James fueron quienes lo motivaron a jugar al baloncesto. "Esto es muy duro", apuntó, reconociendo que le había sido muy difícil centrarse en un choque en el que los Mavs perdieron con rotundidad ante Phoenix Suns (133-104). "Me vine abajo durante el primer cuarto. Fue cuando realmente la situación me golpeó. Ha sido muy difícil jugar", explicó. También comentó el episodio entre ambos en el Staples: "Fue algo especial. Kobe me conocía. Era algo fascinante". Aquel día Bryant hizo una foto de su hija Gianna posando con Luka, que por lo que parece era uno de sus jugadores favoritos mientras soñaba con seguir los pasos de su padre.

Este episodio ensombreció la alegría recibida apenas dos días antes del siniestro, cuando fue confirmado como titular en el All Star Game de Chicago gracias a ser el segundo jugador más votado por los aficionados, solamente superado por LeBron, precisamente el único jugador más joven que él en salir de inicio en el partido (2005). Nada menos que 6.111.735 sufragios recibió, frente a apenas 100.000 más de *King James* y por encima de Giannis Antetokounmpo (5.902.286), Anthony Davis (5.813.769), Kawhi Leonard (3.917.190) y James Harden (3.751.362).

La gran cita de las estrellas estuvo marcada inevitablemente por el tributo constante a Kobe Bryant, cuarto máximo anotador de la historia y ganador de cinco campeonatos. Luka se había torcido otra vez el tobillo un par de semanas antes del evento, pero no hubo muchas dudas de que lo disputaría. Y además, al cien por cien: el día de su reaparición, el 12 de febrero, sumó 33 puntos, 12 rebotes y 8 asistencias en 31 minutos (victoria por 130-111 ante Sacramento). Como exclamó el propio club en sus redes sociales, "Our boy is BACK!!"[114]. Luke Walton, técnico de los Kings, se ganó una técnica en el tercer cuarto cuando gritó, señalando a uno de los árbitros: "Hey, Luka, hazme un favor: fírmale un autógrafo después del partido a este, que es fan tuyo". A Doncic no le gustó nada lo ocurrido, como reconocería posteriormente.

En Chicago fue centro de atención, empezando por el afectuoso saludo que le dedicó en un acto con escolares el

114 "Nuestro chico ha vuelto".

expresidente Barack Obama. Le felicitó por su juego y a modo de broma le recomendó que "no tirase como Jason Kidd[115]", entrenador asistente de los Lakers y que también estaba presente. Doncic y Obama, a los que les une la pasión por el baloncesto y la capacidad para saltar barreras aparentemente infranqueables, se fotografiaron juntos. Su admirado LeBron James le escogió para su equipo y Luka lo agradeció públicamente ("es una bestia, un tipo de animal diferente"). Ante los medios reflexionó sobre lo rápido que le había ocurrido todo porque ocho años atrás estaba disputando la Minicopa en Barcelona: "Me están pasando muchas cosas y muy rápido. Estar aquí es como un sueño, un regalo. Son cosas que puede que te pasen solo una vez en la vida, es muy bonito". Su objetivo era "disfrutar" y parece que lo consiguió, protagonizando uno de los primeros momentos para el recuerdo del fin de semana con un triple desde medio campo en el Rising Stars Challenge, el partido de las promesas, que acabó con victoria de Estados Unidos ante el resto del mundo por 151-131 con 16 puntos y 5 asistencias del jugador de los Mavericks. Siguió haciendo buenísimas migas con Trae Young.

"Todo el público ha visto que fuera de Estados Unidos también sabemos jugar. El baloncesto de todo el mundo ha subido de nivel, hay muchos jugadores muy buenos y

115 Considerado uno de los mejores bases de la historia por su capacidad de pase, el lanzamiento fue uno de sus escasos puntos débiles, con solo un 40% en tiros de campo a lo largo de su carrera, que incluyó dos etapas en Dallas (1994-96 y 2008-12).

ya lo saben todos. El baloncesto FIBA le aporta a la NBA más juego de equipo. Allí cuesta más anotar, los marcadores son más bajos, es muy distinto", reflexionó. También tuvo su recuerdo particular para Kobe Bryant por "todo lo que hacía en la cancha y fuera de ella, cómo trabajaba siempre. Su muerte ha sido un gran impacto para todo el mundo. Le echamos mucho de menos".

Fue uno de los protagonistas más demandados para ser entrevistado, pero en el Partido de las Estrellas del domingo no tuvo excesivo foco, quizás por su condición de novato, quizás porque el ritmo al que se juega, con mucha carrera vertiginosa y mucho mate, no le benefició demasiado. De hecho, resultó llamativo que Fran Vogel, el entrenador del Team LeBron, no respetase la norma no escrita de que la recta final del encuentro la disputen todos los titulares. Doncic fue la excepción en su equipo, cediendo su sitio a un jugador de más galones como Chris Paul, y totalizó 18 minutos, en los que sumó 8 puntos y 4 asistencias. En todo caso, no se le vio incómodo, buscando dar espectáculo (su primera canasta fue un mate entrando desde la línea de fondo) y llegó a comer palomitas en el banquillo viendo su emocionante resolución. Ganó su Team LeBron al Team Giannis (157-155) con un nuevo formato que intentaba instalar una mayor competitividad e interés en defender, dejando atrás el correcalles que caracterizó las ediciones anteriores. También se movió bien entre la farándula que rodea a este tipo de eventos, mostrando su admiración por la rapera Cardi B, que le devolvió la cortesía vía Twitter con un expresivo "Haaaaaaaaaaannnn!".

EL "HERMANO PEQUEÑO", MUY PRESENTE EN EL VESTUARIO BLANCO

COMO HEMOS VISTO ANTES, el Real Madrid sigue muy dentro de Luka, pero es que Luka sigue muy dentro del Real Madrid. Y, en concreto, de su vestuario. Dos años después de marcharse, buena parte de sus excompañeros continuaban en el equipo y, aunque todos estaban centrados en disputar dos o tres partidos a la semana entre la Euroliga y la Liga Endesa, seguían muy de cerca lo que estaba haciendo en América alguien a quien se le tenía y tiene mucho cariño. Y le recordaban, vaya si le recordaban, hasta el punto que parecía que no se había ido. Echemos un vistazo a lo que se decía ahí dentro en plena temporada 2019-20[116].

"Recuerdo sobre todo a Luka como persona. Era un fenómeno, un chico muy joven que intentaba aprender todo lo que podía. Ya desde muy pequeño apuntaba maneras y se le veía con un talento especial para jugar al baloncesto, pero sobre todo me quedo con él en su vertiente de amigo." Quien habla es nada menos que Sergio Llull, quizás el mayor ídolo contemporáneo del madridismo baloncestístico incluso por

116 Todos los testimonios recogidos en este capítulo han sido obtenidos específicamente para este libro a través del departamento de prensa del Real Madrid, al que agradecemos su colaboración.

encima del propio Doncic. Son dos formas muy distintas de subirse al altar blanco: mientras que a Luka se le veía venir desde hacía tiempo, el menorquín aterrizó de repente, en 2007, procedente del Manresa (LEB Oro), donde apenas promediaba 4,5 puntos en 14 minutos por encuentro. Era un desconocido más allá de los que seguían el baloncesto de formación, pero a los pocos meses su estilo de juego le hizo convertirse en un icono. Como ha repetido una y otra vez, de él aprendió muchísimo Luka. Con el roce y las batallas, la admiración terminó siendo mutua entre ambos. De todo lo vivido, Llull se queda con un momento en concreto: "El triple doble que hizo ante el Betis fue increíble. En el baloncesto europeo es muy difícil conseguirlo y él lo logró a los diecinueve años. Hizo un partido espectacular".

Mientras, el capitán Felipe Reyes habla también con mucho cariño de Doncic: "Es muy buen chaval, muy humilde". Y pone de relieve que "desde que llegó al primer equipo siempre vino con ganas de ayudar, de aportar cosas positivas, de generar buen ambiente en el vestuario. Nunca puso una mala cara. Cuando tienes jóvenes con esa actitud, es de agradecer, aparte de todo lo que nos aportó deportivamente".

"Es una persona muy divertida, muy graciosa. Venía con mucho humor siempre. Sin embargo, a la hora de entrenar, jugaba duro y competía al máximo. Eso es lo que más se puede destacar de sus años aquí. Lo disfrutamos mucho", dice Facundo Campazzo. Casi seguro que él fue el que más *se pegó* con Doncic en las sesiones de preparación. El esloveno siempre le ha agradecido al argentino que le llevase al límite a menudo... siendo un oponente totalmente distinto en físico y estilo: 20 centímetros más bajo, pero muy pegajoso a nivel defensivo y al mismo tiempo muy agresivo en ataque a base de velocidad y descaro. "En los entrenamientos me gustaba defenderlo duro, medirme, competir contra él, y a él también le gustaba competir conmigo", enfatiza el director de juego latinoamericano.

A Fabien Causeur lo tuvo en primera instancia como rival, en el Baskonia 2015-16, y después en el mismo bando. Es un afilado especialista ofensivo y ambos también se acabarían viendo las caras a menudo en el pabellón de Valdebebas en el día a día. Para el francés, Luka "era un niño que quería disfrutar mucho del momento, del baloncesto. Siempre riéndose y siempre haciendo bromas. Muy buen compañero". Y señala como jugada que marca un antes y un después el triple decisivo en marzo de 2018 ante el Estrella Roja, "un club al que quiere". "Cuando metió aquella canasta fue sin duda un momento especial. Tuvo la suficiente sangre fría para lograrlo y para mí resultó el principio del jugador especialista en momentos decisivos que es hoy en día", opina.

Con los norteamericanos del equipo tejió mucha complicidad. Les solía preguntar por cómo era la vida en la NBA, pequeños aspectos del basket en sí, pero también de la vida fuera de los grandes pabellones. Por un día, Anthony Randolph[117] deja su fama de ser parco en palabras para referir-

117 Elegido en el puesto 14 del *draft* de 2009 por los Warriors, fue el jugador madridista con más experiencia en la NBA que jugó al lado de Doncic.

se a él con una catarata de elogios. "Es un gran tipo por encima de todo", suelta, coincidiendo con sus compañeros en que "siempre estaba de broma". Y ofrece una clave muy llamativa: "El modo en el que se comportaba en el vestuario hacía que te sintieses con él como si fuese de tu familia. Era el hermano pequeño de todo el mundo. Y como jugador, ama el baloncesto y pone todo el esfuerzo en estar centrado en los partidos". Con Jeff Taylor[118] también tuvo y tiene muy buen *feeling*. "No olvidaré cómo se comportó cuando ganamos la Euroliga en Belgrado. Y fuera de la pista hemos vivido un montón de historias juntos. Es básicamente un tipo divertido con el que se pueden tener muy buenas conversaciones. Lo pasamos bien mucho tiempo". Por último, Trey Thompkins[119] se pone más serio para hablar de Luka: "Delante de nuestros ojos se convirtió en el jugador que es ahora, un tipo que puede hacer de todo, una auténtica bestia. Fuera de la pista, fue increíble verle pasar de ser solamente un chico a ser un hombre. Aprendió cómo manejar la vida de profesional muy pronto y eso le permitió tener tiempo para desarrollarse y ser el jugador que es hoy en día".

Parece haber dos *bandos* en la plantilla: los que, aun considerándole un gran jugador, se confiesan sorprendidos por su gran rendimiento en la NBA y los que sostienen que es-

---

Totaliza 252 encuentros en seis temporadas (de la 2008-09 a la 2013-14), aunque solo 43 como titular. Sus promedios fueron de 7,1 puntos y 4,3 rebotes.

118 123 partidos con Charlotte entre 2012 y 2015 (6,1 puntos en 19,4 minutos).

119 24 encuentros con Los Angeles Clippers en la temporada 2011-12 (2,4 puntos en 5 minutos).

taban convencidos de que triunfaría desde que aterrizase en Estados Unidos. Causeur pertenece al primer grupo: "Sabía que iba a llegar a jugar muy bien, pero tan deprisa no. La primera temporada no creí que fuese a lucir tanto desde el principio ni que le fuesen a dar la llave del equipo. Ahora es All Star y está en la lucha por ser MVP de la temporada. Es impresionante". En la misma línea está Randolph: "Estaba convencido de que iba a ser realmente bueno, pero ha sido inesperado que batiese récords y récords que solo habían conseguido antes gente como Michael Jordan o LeBron James. La experiencia acumulada en el Madrid como profesional tan joven le ha servido de mucho para que sea así. Es un jugador de los que sale uno cada generación". Para Campazzo, "sabíamos lo que era capaz de hacer porque las mismas cosas que se le están viendo noche tras noche las hacía en los entrenamientos constantemente con nosotros, pero es que allí lo está haciendo muy rápido y eso sí que nos ha sorprendido. Juega ya como si llevara mucho tiempo en la NBA, como un adulto. Tiene todavía mucho que crecer y todo está al alcance de sus manos".

Más *visionarios* sostienen que fueron en su día otros como Llull. "Era algo que se podía prever. Dominaba el baloncesto europeo antes de irse a la NBA. A lo mejor choca un poco su madurez siendo tan joven, pero el talento y las cualidades para triunfar ya las tenía y las sigue teniendo. Esperemos que siga trabajando mucho para tener una carrera exitosa", declara el balear, que ha estado tentado en varias ocasiones a dar el salto con potentes ofertas de los Houston Rockets, que aún posee sus derechos. Taylor confiesa que la adaptación de Doncic a la NBA solía ser tema de debate interno. "Hablaba con Trey [Thompkins] sobre esto mismo todo el rato y siempre le decía que Luka podía hacerlo tan bien como ahora porque hay más espacio en ataque en la NBA para hacer el *pick and roll*. Alguien con tantas cualidades como él puede o bien pasar el balón o bien tirar, y su tiro es consistente. Está construido para el tipo de juego que se hace en la NBA hoy en día, así es que siempre he creído en él." El propio Thompkins está de acuerdo y va un paso más allá: "Supe que iba a hacer esto desde el primer minuto del primer partido su temporada *rookie*. Ya estaba allí y era una persona diferente a la que habíamos visto aquí en Madrid los años anteriores. Se le notaba más maduro. Su cuerpo había crecido y era más rápido, más fuerte, más inteligente, así es que no ha sido ninguna sorpresa para mí".

Felipe Reyes se alista entre los más optimistas: "Lo iba a hacer bien. Ser titular del All Star en su segundo año es algo que sorprende, pero los que le conocíamos lo sabíamos. Tiene muchísima calidad. La diferencia que hay entre la NBA y el baloncesto europeo es más física que técnica. Físicamente estaba preparado para aportar desde el primer minuto".

ASÍ LO VEN LOS PERIODISTAS ESPAÑOLES ESPECIALISTAS EN BALONCESTO

¿QUÉ PIENSAN LOS PERIODISTAS ESPAÑOLES especializados en baloncesto sobre Luka Doncic? A una selección de ellos con distintos perfiles les pedimos cien palabras para retratarle, aunque el tipo en cuestión es ya tan grande que casi todos se pasaron claramente de esa cifra. Y encantados todos. Son testimonios originales escritos expresamente para este libro.

Alberto de Roa (*NBA League Pass*)

En un mundo que premia la irritación constante, Luka Doncic trae la sonrisa. El juego de la nueva joya del baloncesto es intrépido, valiente, descarado, agresivo en ocasiones, pero con una naturalidad que contagia a todos. A compañeros, a aficionados, incluso a rivales incapaces de cantar una nota negativa sobre ese jugador aparentemente destinado a privarles de victorias y títulos. Es el amor del *hero shot*, ese primer plano en las retransmisiones de TV dedicado al jugador estrella de la acción anterior. La amplitud de su sonrisa es siempre directamente proporcional a la dificultad de su tiro o de su asistencia. En su juego siempre más maduro que lo que su edad determina, esa es la única prueba de su naturaleza real. La confirmación de que no es más que ese jugador recién salido de la adolescencia que apenas parece creerse haber pasado en pocos años de los gimnasios de instituto a la mejor liga del mundo, sin dejar de ser la estrella más luminosa sobre la pista.

Por supuesto, no todo son cielos despejados en el juego de Doncic, quien ha adoptado pronto desde el lado tenebroso del baloncesto la protesta constante a los árbitros como una de sus armas. Y la expresión sonriente con la que abre sus partidos se convierte pronto en afilado colmillo al final de los duelos ajustados. Quizás algún día, cuando la sorpresa de encontrarse en la cima del mundo se transforme en la presión por mantenerse, la alegría en la cancha se disipe en favor de la rutina. Lo que hoy parece un juego que domina con espontaneidad artesana puede ser pura mecánica industrial en unos años. No sabemos qué sensaciones nos transmitirá cuando entre en la treintena, pero el joven de veinte años es todavía incapaz de ocultar su incredulidad tras una jugada magistral, la sincera alegría de quien sabe que, a fin de cuentas, esto es solo un juego. En una era en la que la conversación sobre la NBA parece escrita muy a menudo por fríos matemáticos o por aburridos contables, Doncic saca el baloncesto de los laboratorios y los despachos para devolverlo a su lugar natural: allá donde haya una canasta e imaginación infinita para llevar el balón adentro. Muy pocos en la historia del baloncesto tienen la magia para hacerlo tan bien como él. Disfrutémoslo.

Jorge Sierra (*Hoopshype.com*)

A Luka Doncic desde hace años le estamos viendo romper tobillos gracias a un manejo de balón privilegiado y cambios de dirección letales. Pero el esloveno no es sólo maestro del *crossover* dentro de la cancha. *Crossover* es una palabra que, además de para ese lance del juego, se usa como etiqueta para los que son capaces de conquistar a dos o más públicos muy distintos: a menudo en Estados Unidos para los afroamericanos que tienen credibilidad entre los suyos y éxito comercial entre los blancos (también se da con Eminem al revés, pero es la excepción).

En lo baloncestístico, Luka Doncic es un ejemplo claro de *crossover star*. Tiene en el bolsillo a blancos y negros, a los más jóvenes con jugadas espectaculares con potencial viral y a los más *puretas* que valoran la inteligencia en la pista, a los que solo ven NBA y al *snobismo* FIBA más extremo. Porque Doncic ha hecho los deberes aquí (Euroliga, Eurobasket, MVPs) antes de ir allí a seguir quebrando tobillos y dar cada noche exhibiciones aptas para todos los públicos.

Enrique Corbella (*Marca*)

7 de noviembre de 2014 en el mítico Polideportivo Antonio Magariños. A las 21:20 horas se enfrentaban los filiales del Movistar Estudiantes y del Real Madrid en un partido que despertó gran expectación en la ciudad. Todos querían ver a un chaval de quince años llamado Luka Doncic del que se decía que ya dominaba una competición sénior siendo cadete. Y el niño no decepcionó. La estrella en ciernes que era ese chaval imberbe con cara de bueno hizo lo que tenía que hacer, con una madurez que nos dejó patidifusos, para ganar al *Estu*. Sin género de dudas, vimos un talento diferente y único.

El Estudiantes tejió una red de dobles marcajes que asfixió a Doncic en ataque. Todos pensábamos que el niño prodigio de la cantera del Real Madrid se vería superado por la presión y empezaría a tirar sin ton ni son superado por las circunstancias. Nada de eso. Doncic, magníficamente asesorado por su entrenador Paco Redondo desde la banda, interpretó el partido a la perfección y se dedicó a ganarlo para su equipo sin casi mirar al aro. Anotó solo 10 puntos (2 de 2 en tiros de campo, 1 de 5 en triples y 3 de 5 tiros libres), pero el de Liubliana dominó a su antojo el juego para llevar a su equipo al triunfo 65-71 con una lección de baloncesto total que se plasmó en 9 rebotes, 7 asistencias, 4 balones robados y 8 faltas recibidas en 32 minutos.

Unos pocos escépticos susurraban en la grada cosas como "solo ha metido diez puntos", "no es tan bueno", "no tira"... La mayoría nos volvimos a casa sabiendo que lo que había hecho ese niño en la pista era de otra dimensión. Pablo Laso debió pensar lo mismo. El 20 de abril de 2015, menos de un año después de su exhibición de baloncesto total en el Magariños, Luka Doncic debutaba en la Liga Endesa con el Real Madrid con solo dieciséis años y dos meses. El resto... es historia todavía por escribir.

Gonzalo Vázquez (*El Reverso, Gigantes del Basket* y autor de *101 historias NBA*, entre otros libros)

Ningún valor más elevado en Luka Doncic que cerrar para siempre una herida todavía abierta entre la NBA y el resto del mundo. En poner fin a un estigma que privaría eternamente al jugador europeo de conquistar, de entrada, la condición de jugador franquicia. El mayor paso en el avance de esta revolución, por su cumbre de rendimiento, pertenece sin duda al alemán Dirk Nowitzki. Pero el caso de Doncic es distinto a todos cuantos lo precedieron. Incluso los mejores tuvieron que aguardar una fase, de diversa duración, para que el potencial liberado los hiciera ascender en la pirámide. Doncic no ha requerido esa espera. Su impacto inmediato ha sido el más grande, como instantánea la entrega de la jerarquía mayor en su equipo y en la propia liga. La diferencia con el pasado es colosal, hasta materializar la quimera que llegamos a concebir con un joven Sabonis en la NBA. Por eso su precocidad es su trascendencia. Porque ha logrado cerrar una brecha hasta él desconocida. A ese joven, en términos históricos, se hace imposible asignarle un hito mayor.

Fran Fermoso (*Movistar+*)

No les falló la intuición a Zeljko Obradovic y Dimitris Itoudis cuando planearon en febrero de su sabático 2013 irse de enoturismo por La Rioja y subir a Vitoria a tomar la penúltima. Habían oído hablar de un chaval de Ljubliana heredero del genio de Drazen y, como el resto de testigos, salieron asombrados de aquella Minicopa. Le sufrí como rival un par de campañas más tarde cuando lideró, teniendo dos años menos, a la inabarcable generación júnior del 97 que conquistó España y Europa en 2015 sin perder un solo partido. Contra Doncic nunca sirvió el *scouting*; es poesía de verso libre, imprevisible. Juega al ajedrez sobre la cancha y siempre con blancas. Cuando la Euroliga ya se le había quedado pequeña, los informes de las franquicias previos al *draft* de 2018 escudriñaron su vida privada buscando manchas bajo el zócalo. Sus hábitos nocturnos. Su físico entonces algo curvilíneo. Desaventurados quienes dudaron. Definió su cuerpo, se apropió de las llaves de Dallas y asaltó la NBA como nunca antes lo hizo un europeo. Hemos encontrado a Bobby Fischer.

Andrés Monje (*El Reverso, Gigantes del Basket, Movistar+*)

La fascinante precocidad de Luka Doncic ha ido siempre acompañada de la más sugerente de las preguntas, la legítima duda de hasta dónde puede llegar. Como un inseparable y adictivo binomio que revela, a la vez, que por excitante que sea la grandeza presente podría quedar en nada comparada con la que está aún por venir. En pista le definen tres maravillosas virtudes, quizá las mejores: su cerebro, tanto en la lectura de situaciones como en la velocidad y acierto a la hora de resolverlas; la ausencia de carencias estructurales en su juego, que por inercia le hace sumar e impide que pueda ser puesto en evidencia, y el hambre de su instinto, nunca satisfecho, siempre necesitado de nuevos conocimientos y retos. Del cóctel solo puede emerger alguien no ya llamado a hacer historia, sino prácticamente alguien llamado a rendirla.

Pilar Casado (*Cope*)

Luka, ese pequeño demonio con cara de ángel. Entiéndase demonio baloncestístico capaz de hacer lo increíble desde pequeño, lo que no está a la altura de casi ningún mortal en el universo de la pelota naranja. Esas diabluras sobre el parqué, sin embargo, las acompañaba de una mezcla de timidez, desparpajo y hasta cierto aire canalla. No era difícil en sus primeros *canutazos* sacarle los colores, inclusive el día que ganó la liga en Vitoria, el último que vistió de blanco, cuando en una entrevista le pedí que me diera los números de la primitiva porque ese año lo ganó todo, y puestos ya... sonrisa de pillo, risas y esa impaciencia por reunirse con los suyos (madre y abuela) que le esperaban en el estrecho pasillo de vestuarios del Buesa. Le aguardaba *la primi* del *draft*.

Faustino Sáez (*El País*)

Luka Doncic se convirtió desde niño en un prototipo de genio por su manera de gestionar paradojas inabarcables para otros a su edad. Armadura de gigante con cara de crío, inocencia angelical y determinación voraz, serenidad pasmosa en mitad de la agitación global. La huella de la infancia, la que decide lo que vamos a ser, a él le despojó para siempre del miedo al balón, al juego, al rival, a la cancha... En un parque de Liubliana, en el Palacio de Madrid o en cualquier escenario de la meca del baloncesto. Así se presentó en la NBA, con una mezcla inaudita de fortaleza mental, capacidad técnica y dominio del entorno que le permitió ganarse el respeto de todos en un santiamén. Con la mirada y la sonrisa de los elegidos. "Cuando duermo sueño siempre con el baloncesto y todos son sueños muy bonitos", confesaba nada más cumplir los dieciocho. "Ya tengo el anillo en la cabeza", me dijo antes de partir a Estados Unidos. No conoce imposibles y ha nacido para ser estrella del baloncesto.

Carlos Sánchez Blas (*Onda Madrid, DAZN*)

Luka es talento. Un elegido, uno entre un millón. Uno de esos deportistas bendecidos por el duende que te hace entrar en la historia. Cada partido, cada función, cada velada, cada triple doble eleva su techo, que a estas alturas ya está un metro sobre el cielo. Es un niño con disfraz de superhéroe. Luka es sonrisa. Luka será leyenda.

José Manuel Puertas (*esRadio*)

La primera vez que vi jugar a Luka Doncic fue en Madrid, en el Torneo Leucemia y Linfoma. 2012, si no me falla la memoria, pero no lo aseguro del todo. Recuerdo llegar con el partido bastante avanzado al Magariños y, en honor a la verdad, no prestar demasiada atención al juego. De hecho, no tengo clara la imagen en mi cabeza apenas, aunque sé que estuve. Lo que no se me olvida es aquella final de Minicopa en Vitoria en 2013. Era el BAKH, esa moderna instalación que tiene el Baskonia junto al Buesa Arena. Las gradas a reventar, como merecía la final. Madrid-Barça, por cierto. Tuve la fortuna de verla sentado al lado de Alberto Angulo, director de cantera blanco. Y asumo que jamás en mi vida he visto un dominio similar en un partido de esa categoría.

Doncic, de aspecto escuálido, era sin discusión el mejor en la cancha. Hacía de todo y casi todo bien. Demasiado bien para un infantil. Recuerdo que no me gustó que hablaba demasiado con los árbitros y pensé que era un debe que habría de corregir. Uno nunca sabe cómo va a evolucionar un chaval de esa edad, pero lo que se vio aquel mediodía en Vitoria ya ponía el vello de punta. Aunque seguramente lo sucedido después supera cualquier expectativa, como llevando la contraria a la norma habitual cuando un chico destaca en cantera. Cuando acabó el partido, Angulo recibió una llamada. No lo puedo asegurar, pero sospecho firmemente que al otro lado estaba Juan Carlos Sánchez, responsable de baloncesto del Madrid. Charlaron un minuto, se felicitaron, y Angulo, cuestionado por Doncic, simplemente dijo: "No ha estado mal". Ciertamente, visto todo lo que ha venido después, quizá aquello no fue para tanto.

Marta Casas (*SER*)

El crecimiento de Luka Doncic en apenas cinco años ha sido descomunal. De aquel niño que llegó con trece años a Madrid, pasando por el que con dieciséis años y una sonrisa dibujada en la cara debutaba en la ACB anotando un triple en el primer balón que pasaba por sus manos. En un vestuario plagado de grandes jugadores, no tuvo problema en asumir responsabilidades. "No miro la edad que tiene", decía Pablo Laso cuando se le preguntaba por un joven que ha ido rompiendo todos los esquemas. "En los momentos calientes es cuando quiero tener el balón", decía un Doncic para el que la presión no existe.

No todo fue un camino de rosas para un niño que se comporta como un veterano en la pista, para un joven talento que en su etapa en el Real Madrid también nos dejó ver qué era eso, un niño. Un niño que, por ejemplo, no pudo contener las lágrimas, tapándose con la toalla en el banquillo, tras firmar un mal partido en la Euroliga. Esa misma competición de la que, con diecinueve años, se convirtió en el MVP y en la que consiguió guiar al Real Madrid hacia un nuevo título. Hoy es All Star, hoy es una mega estrella al que comparan con los mejores de este deporte: LeBron, Jordan y compañía. Solo tiene veintiún años, se divierte y nos divierte, disfruta jugando con la misma sonrisa que tenía el día de su debut en el Real Madrid. Nunca fue una promesa, siempre fue una realidad. El futuro está en sus manos.

Lucas Sáez-Bravo (*El Mundo*)

Se había corrido la voz de un diablo rubio, un genio llegado de Eslovenia que *embrujaba* con sus malabares a niños mayores que él, que tardó unas semanas en aprender castellano... Un par de años después era uno más de la primera plantilla del Real Madrid. Doncic superó cualquier expectativa, aunque fuera gigantesca. Nos queda decir que fuimos testigos afortunados de verle *nacer*. Aquellos amaneceres fueron apasionantes. Sus gestas en los torneos de cantera, su debut con el primer equipo, las primeras broncas de Laso... No hubo nada que él no lo convirtiera en especial. No se saltó ni un escalón, aunque los subió fugaz, como todo lo que hacía. Tan osado en la pista como tímido ante los micrófonos, donde nunca nos pronunció nada extraordinario: se guardaba la magia para el balón.

Mel Otero (*laSexta*)

Está llamado a marcar una época en el baloncesto NBA y FIBA. Tenía algunas dudas de su impacto en la NBA, pero después de unos meses las dudas se han transformado en certezas. Es un jugador que puede dominar la NBA por encima de los mejores europeos en la competición americana, como Antetokounmpo o Nowitzki, pero además puede dominar el baloncesto FIBA como ha hecho Pau Gasol en los últimos años. Siempre he pensado que *Magic* Johnson era el mejor jugador de la historia y su versión europea es Doncic. La formación aquí le da un conocimiento del juego de equipo que, como siempre recordaba Kobe Bryant, los americanos no tienen, y además es capaz de romper en el *1x1* o el *2x2* como los mejores productos de Rucker Park. Su apariencia física creo que también le da ventaja, como ocurría con *Magic*, porque ambos juegan muy por encima de lo que su cuerpo aparenta que pueden hacer.

David Camps (*Onda Cero*)

Las personas con talento, sea la profesión que sea, son conscientes de poseer ese don particular. Luka Doncic es brillante y además lo sabe. Ya era consciente con doce años en su primera puesta de largo en España, en la mediática Minicopa. Los focos, depositados en un tímido y sonriente imberbe, alertaban sobre la necesidad de mimar a un joven llamado a marcar una época. La dificultad residía en el desarrollo y mejora de esa aptitud. Es decir, sumar la actitud. Acompañado siempre por su madre, la cautela ha marcado su explosión. Protegido a la par que expuesto, la enseñanza de su entorno ha residido en dar los pasos oportunos en el momento adecuado: impacto sin echar el freno. Sin trabajo no hay don que valga. Y su gran virtud, no perder el contacto con sus raíces y con aquellos que supieron pulir.

Antonio Rodríguez (*Endesa Basket Lover*)

Luka Doncic es como un efecto de sublimación en el baloncesto. Con los argumentos del juego de sus antepasados en los 70, se planta directamente en la segunda década del siglo XXI para no solo brillar, sino ser estrella rutilante en la mismísima NBA. Sin artificios físicos, sino rascando exhaustivamente en las profundidades de este juego y con una formación personal que lo preparó para afrontar lo que se le pronosticaba, ha llegado a ser un icono mundial, más allá y más pronto de lo que incluso él pudiera suponer.

Fran Guillén (*DAZN*)

Siempre he admirado a los deportistas que no se quiebran ante las expectativas. A los que llevan cargando desde la pubertad con la etiqueta de dominadores futuros de su disciplina y eso no les achanta. A los que están llamados a hacer historia... y la acaban haciendo. A nivel global, el ejemplo por excelencia era LeBron. "The Chosen One", titulaba sin asomo de cautela una portada de *Sports Illustrated* en 2002. Y ahí sigue el hombre, saltando como un veinteañero a sus 35 y enfangándose sin cambiar el gesto en comparaciones con Michael Jordan.

Con Luka Doncic nos ha ocurrido algo parecido. Quien lo vio en la Minicopa de 2013 ya decía que apostaba a que su talento era infinito. Los que contemplaron sus primeros pasos guiados por Pablo Laso, que ahí había un jugador de época. Quienes capitularon ante su desempeño en el Eurobasket de 2017 solo pudieron aplaudir. Los que asistieron a su coronación como MVP de la Euroliga en 2018 se rindieron a la evidencia. Tal y como hicieron los que trasnocharon para ver el dominio de este *Magic* jugando a pequeño Bodiroga. Larga vida a los elegidos que no rehúyen de su condición innata.

Millán Cámara (*COPE*)

Hace cuatro días, Luka Doncic era un chaval. Más todavía de lo que lo es ahora. El mundo se le vino encima en un momento... y ahí seguía el tío, tan normal. Como si nada. Sin renunciar a sus partidas a la Play, a sus cosas y amistades de adolescente, mientras los hechos pasaban rápido. Muy rápido. Quién iba a imaginar que pisaría con una fuerza tan descomunal en el Real Madrid y en Europa. Que dominaría con mano de hierro en un visto y no visto. Que se haría un sitio tan destacado en un mundo de hombres a pesar de ser tan niño. Pero sí, Luka lo hizo. Y de qué manera. Gracias a él, uno pudo saber qué se siente al vivir de cerca la eclosión de una estrella. Imaginar lo que debió suponer el aterrizaje en la élite de mitos como Petrovic, Sabonis o Gasol para los medios de su época. Y, la verdad, fue precioso estar ahí en el caso de Luka. Y contarlo.

Aquel idilio con Bilbao, aquel triple doble que hacía tanto que no se veía en la ACB, aquella canasta decisiva a lo Jordan en Belgrado, aquellos últimos tres puntos tan mágicos con el Madrid para ganar la Liga en Vitoria... En definitiva, aquellas dos temporadas en las que Doncic soñó y nos hizo soñar a muchos. El más difícil todavía es que la vida sigue igual en Dallas. Le iba a ir bien, estaba claro. Aunque no deja de sorprendernos su precocidad, esa mente y talento de veterano embutidos en la cabeza y el cuerpo de un imberbe. Los hechos no han dejado de transcurrir a la velocidad de la luz en todo este tiempo, pero Luka tiene las llaves del Halcón Milenario desde hace un buen rato. Al menos, en la cancha. Fuera no ha dejado de ser el chaval que juega a la Play en sus ratos muertos, un poco tímido y sonriente. Como diría su yo de hace obscenamente poco: "Ha pasado muy rápido, y estoy aquí". Para quedarse.

Ricardo González (*As*)

Por mucho que apuntara alto, nadie vaticinó todo lo que iba a lograr en sus dos primeras décadas de vida. Hay que ser muy, muy bueno, casi único, e incluso así solo con talento no le hubiera bastado. "Tiene estrella", suele decir Laso.

Y eso se traduce de muchas maneras. Mi primer recuerdo de Doncic es de 2013, de la Minicopa de Vitoria, contaba aún con trece años. Me sorprendió en una comida con sus compañeros durante el torneo por su desparpajo y simpatía. Desde la mesa de al lado vi a un niño recién llegado a España con cierto carisma y que no paraba de bromear. Empezaba un ascenso meteórico siempre con una sonrisa y una actitud positiva, quizá por eso se sobreponía tan rápido a las broncas y a las malas rachas en la pista. No recuerdo ni una sola vez en un entrenamiento (los días y el poco rato que puede acceder la prensa) que no se le viera disfrutar. Y esa alegría la contagiaba al equipo y al entorno. Como pasa ahora en una NBA que ha enloquecido con él.

Carlos Jiménez (*Solobasket* y autor de *Historia del baloncesto en España*)

A los diecisiete años Doncic tenía un mayor impacto que Sabonis, Petrovic o Kukoc a pesar de competir en contextos más complicados, Euroliga y ACB. Crédito extra para el chaval por conseguirlo en un basket globalizado. Las leyendas listadas jugaban en equipos integrados por jugadores nacionales, hecho que daba muchas más opciones a los jóvenes. Paralelamente lideró, junto a Goran Dragic, a un país de poco más de dos millones de habitantes para ganar el Europeo de 2017.

En la NBA, el impacto está siendo mayor. Allí vimos varios *Michaels Jordans* pero un desierto de *Magics Johnsons*, bases puros de enorme talento y *all around* en un cuerpo que supera los 2 metros. Aquí tuvimos los nuestros, *googleen* Papaloukas, Bodiroga o Rigaudeau. En la NBA los Walt Williams, Penny Hardaway... distaron, ostensiblemente, de ese (súper) prototipo. Después de casi dos décadas y media, en USA podrán volver a disfrutar de un jugador que dirige, anota, pasa y rebotea con la efectividad de los mejores jugadores de la liga norteamericana que ocupan las cuatro posiciones más alejadas del aro en el campo.

Chema de Lucas (*Movistar+*)

Mi primer acercamiento a Luka Doncic tuvo lugar en 2013, cuando me tocó cubrir el Campeonato de España de clubes de categoría infantil. El Real Madrid lograba coronarse campeón catorce años después con el esloveno como ya gran perla blanca. De él recuerdo destacar no solo su talento a raudales, sino que era capaz de hacer de todo en la pista demostrando carácter (se iba a 45 de valoración en las semifinales frente al Barça). A partir de ahí su progresión fue meteórica, ratificando su dominio en la Euroliga júnior de 2015. Alejado del periodismo en activo tuve la oportunidad de intercambiar pareceres con una franquicia NBA antes del *draft*. Yo no tenía dudas de que era un jugador para la NBA, pero nunca esperé este impacto brutal desde el primer día.

Darío Ojeda (*elconfidencial.com*)

Pertenece a la clase de deportistas que no parece tener techo. Con veintiún años ha superado todas las expectativas. Dominó Europa con el Real Madrid y la selección de Eslovenia como ningún jugador de su edad había hecho desde hacía décadas. Y ya es uno de los mejores en la NBA, donde está por encima del nivel que esperaba, como él mismo ha reconocido. Aunque su talento lo convierte en una excepción, Doncic también es, a la vez, un desafío a los prejuicios que sigue habiendo en Estados Unidos sobre el baloncesto europeo y una defensa de nuestro sistema de formación. Es la prueba de que un jugador de aquí puede ser tan bueno como cualquier norteamericano jugando como juegan allí.

Pilar L. Arreaza (*ABC*)

Luka Doncic es pólvora. Una mezcla deflagrante que arde de manera súbita. Sin explosión, pero con llama. Un genio precoz que hace del asombro su rutina y, en medio del enjambre mediático, saca su sonrisa como arma. Esa que no ha sido capaz de borrar de su rostro ni el ritmo frenético de la NBA. Que a nadie le engañe su aspecto, pues sobre el parqué es poderoso y versátil. Un terremoto novel que, sin embargo, aúna en su juego la destreza de la veteranía y la ilusión de la primera vez. Y con esa fórmula consigue fusilar cualquier prejuicio y reinventarse a golpe de un nuevo récord. Porque cuando Doncic acaricia la pelota es capaz de hacer magia y, cuando lo hace, un sentimiento te abofetea. Es su baloncesto que te abraza y no te suelta.

Javi Mendoza (*podcast Hablando de NBA*)

Empiezo a pensar que es imposible entender el alcance real de Luka Doncic. Me empieza a dar la sensación de que será una de esas cosas que apreciaremos todavía más con el paso de los años. Doncic nos deja fascinados con cada partido que juega. Es casi imposible hablar de él sin utilizar palabras como "histórico" o "récord", y aun así, solemos acompañarlo siempre de la coletilla "solo tiene veinte años", pese a que muchas veces no hace falta para contextualizar lo que acaba de hacer. Su rendimiento es tan alto que ya debería darnos igual la edad que tenga o, si nos importase, debería ser por lo insultante de que sea prácticamente un adolescente y ya esté comiendo en la mesa de los mejores.

Dani Barranquero (*acb.com*)

Como si hubieran grabado nuestro primer día de colegio, nuestro primer cumpleaños, nuestra primera canasta. Como si pudiéramos revivir nuestro primer beso, nuestra primera salida nocturna o, por qué no, nuestra primera resaca. Como si alguien hubiera puesto la cámara ahí, en nuestra niñez, imaginando que esas imágenes serían alguna vez película. En la de Doncic nos sentimos guionistas, directores y hasta protagonistas, como si el verle crecer en cuerpo y cancha nos permitiera sentirle nuestro. ¿Acaso no lo es si le acompañamos de la mano de la Minicopa al All Star? ¿Acaso no nos pertenece un poco a todos si supimos ver su magia cuando el resto del planeta no lo conocía?

Si con Kobe crecimos, con Luka nos hicimos mayores, de esos cargados de nostalgia y anécdotas que mueven la cabeza una y otra vez mientras repiten que todo pareció un cuento de hadas. Descaro de superdotado, sonrisa de irreverente. Un genio, un balón y una canasta, el lienzo del buen pintor. Qué sencillo enamorarse y qué difícil volver a mirar el baloncesto con los mismos ojos. Que no acabe jamás la película de Luka Doncic.

EL FUTURO
Y UNA IMAGEN MODÉLICA

¿Qué le espera a Luka Doncic en los próximos años? ¿Habrá que escribir pronto otro libro con la misma urgencia que este porque la historia aquí relatada se ha quedado pequeña? A inicios de 2020, si algo ha caracterizado su carrera hasta ahora ha sido una admirable mezcla entre convivir con naturalidad con unas expectativas muy altas y sorprender a todos superándolas con creces.

Sí, desde luego: cuando a un niño (literalmente, un niño) un club tan grande como el Real Madrid se lo trae desde Eslovenia para modelar directamente su carrera, las esperanzas que hay depositadas en él son grandes. Pero pocos sospechaban que aquel enclenque callado que unió a un grupo de chicos mayores que él para disputar la Minicopa de Barcelona en 2012 acabase debutando en la máxima categoría del baloncesto español apenas cuatro años después. Y que, cuando al poco tiempo se consolidó en el primer equipo, se convirtiese tan rápido en su líder, en su referente, en su *factotum* para ganar una Euroliga, entre otros muchos títulos.

Tampoco su recorrido en la NBA ha sido previsible en sus dos primeros años allí. Los Mavericks apostaron fuerte por él, quizás inspirados por lo bien que les salió en su momento su apuesta europea por el que sería (por ahora, eh) el jugador más importante de la historia de la franquicia, Dirk

Nowitzki. Y sin embargo, ni siquiera dentro de la organización soñaban con que en su segunda temporada ya fuese uno de los cinco, o a lo sumo, diez mejores de la competición más poderosa del planeta basket.

Así es que el tópico de "el cielo es el límite para él" se ajusta a la perfección en su caso: un deportista pleno que ha sabido interpretar a la perfección el baloncesto de hoy en día, en el que se tiende a no encasillarse en las habituales posiciones base-alero-pívot, sino en el que todos pueden hacer de todo. La progresión física y el entrenamiento optimizado de la actualidad facilita más esta polivalencia, pero no todos están capacitados para ello. Ahí es donde Luka le da un toque especial porque su estilo no está basado en el músculo. Es añejo, basado en los fundamentos, la inteligencia, en ver lo que va a pasar un segundo antes de que suceda. Las dudas que había levantado su propio cuerpo han ido quedando volatilizadas: aunque ha perdido peso desde que está en América, sigue sin ser especialmente atlético para lo que suele exigirse en una competición en la que hay 82 partidos de liga regular en seis meses y los titulares como él juegan alrededor de 40 minutos en cada uno de ellos.

Ni su salto es estratosférico ni su desplazamiento lateral resulta infranqueable. Le cuesta ir al choque por fuerza cuando hay un balón dividido. Al penetrar a canasta, no se planta en dos pasos desde el centro del campo hasta debajo del aro. Y es que no es uno de estos *unicornios* de hoy en día, como Giannis Antetokounmpo o Kristaps Porzingis, su compañero en Dallas. Doncic domina los partidos desde el cerebro y todo se acaba jugando al ritmo que él quiere, una fascinante habilidad que desarrolló en su última época como madridista y que ahora ha consolidado. Es como si pudiese darle al *pause* cuando tiene el balón en las manos y eligiese qué es lo mejor para su equipo en ese momento, con todo el tiempo del mundo: o buscar la canasta o pasar el balón a un compañero que, con los dobles marcajes que recibe, a menudo está desmarcado.

Antiguo pero moderno. Recoge la mejor tradición de los jugones de la antigua Yugoslavia (esa admiración algo enfermiza por Drazen Petrovic viendo viejos partidos suyos no es casual), el ultratáctico baloncesto europeo, la cultura ganadora del Real Madrid y el entrenamiento exhaustivo de Estados Unidos. Desde muy crío se dio cuenta de que para llegar a donde quería, a lo más alto del mundo, no le iba a bastar simplemente con el talento. Y sacrificar varios veranos renunciando a su selección para acudir a USA para entrenar con especialistas lo demuestra.

Todo esto, además, con una alergia a la polémica y al conflicto bastante impermeable. De vez en cuando surgió el rumor de que su relación con Pablo Laso, el que había sido su único entrenador en primera línea hasta que le empezó a dirigir Rick Carlisle, pasaba por momentos difíciles. En todo caso, y si fue así, surgió en el contexto de la relación entre un casi adolescente y un técnico con fama de decir las cosas a la cara, pero también empático. Aunque de menor calibre, él también fue un niño prodigio (debutó en la máxima categoría del baloncesto español con el Baskonia un 23 de septiembre de 1984, a unos días de cumplir los diecisiete años).

Ni cuando Charles Barkley menospreció sus capacidades en el contexto del basket europeo en los días previos al *draft* ni cuando Kevin Durant cuestionó su formación académica en su año *rookie*, Doncic se dejó provocar ni se vio tentado a meterse en esas guerras que tanto gustan a un determinado público. Lo suyo fue callarse, seguir aprendiendo y demostrando su calidad, hablando en la pista. Eso sí, cuando tiene que alzar la voz, lo hace: cuando voló de nuevo a su país con la todopoderosa aerolínea alemana Lufthansa y vio cómo sus billetes y los de sus acompañantes fueron cambiados de clase *business* a turista a última hora sin mediar explicación y con solo un 20% de devolución, lo denunció públicamente: "Nunca me habían tratado tan mal". La empresa, temerosa del deterioro de su imagen, se ofreció rápidamente a subsanar el problema.

Parece que ese estilo calmado, espontáneo y hasta cariñoso está calando también, más allá de su juego. En Dallas le adoran y en el resto de las canchas de la NBA es tratado con mucho respeto, valorándose especialmente los gestos espontáneos que tiene frecuentemente con los aficionados. Nunca le ha ido el papel de malo de la película, el equivalente al propio Drazen Petrovic o, en un escenario más americano, Michael Jordan o Durant, jugadores a los que su insaciable espíritu competitivo les hacía cometer a veces excesos e incluso encontrar motivación al verse en el foco negativo de público y medios.

Nadie duda de que estamos ya ante una estrella de calibre mundial, como vino a confirmar la firma a finales de 2019 de su multimillonario contrato de zapatillas con Jordan Brand. ¿Qué va a ser de él estos años, mientras este libro vaya quedándose viejo inevitablemente? ¿Hará a Dallas o a otro equipo campeón tarde o temprano? ¿Será una de esas estrellas obsesivas que solo le encuentran sentido a su gloria personal si la aderezan con títulos colectivos? ¿O la propia complejidad de la NBA, con solo un trofeo cada año para 30 equipos, le hará perder pasión por un juego que le lleva acompañando, literalmente, desde la cuna?

Luego está el factor de la imagen, que lo ha llevado de un modo casi tan modélico como el deportivo. Desde antes de pisar por primera vez un parqué de la NBA, se dio cuenta de que hay una parte de espectáculo en todo lo que allí sucede, incluyendo las declaraciones a los medios. Así es que desde que se marchó de España se le ha visto más suelto, respondiendo muchas veces con picardía y humor a lo que se le cuestionaba, entrando en el juego.

Antes del *draft* ya dijo en *Bleacher Report* que su objetivo de la primera temporada, además de ser el *rookie* del año, era "*posterizar* a Kristaps Porzingis y ser el rey de Nueva York", y que más adelante quería "aparecer en un videoclip del rapero Drake y tontear con Jennifer Aniston". También pronosticó que se acabaría comprando un tigre, "como Mike Tyson", aunque quizás esto no fuese tanto broma porque uno de sus tatuajes refleja ese animal. Siempre dispuesto a ejercer como gancho, se prestó a prácticamente todo, sabiéndose carne de YouTube. Los Mavericks hicieron un curioso montaje en el que aparecía como *padawan* de un Dirk Nowitzki convertido en su maestro Jedi. Y semanas después no tuvo inconveniente en cantar (bastante mal, todo hay que decirlo) la canción *Mamma mia*, de *ABBA*, en un anuncio del club. Otro vídeo muy celebrado fue *Slovenian rhapsody*, en el que Luka hace el papel de Freddy Mercury a ritmo de *Queen*.

Sus gestos simbólicos con aficionados han sido numerosos y significativos. En una acción del juego de la que salió rebotado, en la primera temporada, chocó con un niño que estaba sentado en la primera fila en un partido contra Golden State Warriors. El chaval se quedó aturdido y Luka se interesó por él con muchísima preocupación, compensándole al final con su camiseta firmada. Y de lágrima fue lo sucedido en la cancha de los Clippers: regaló sus zapatillas firmadas a una niña con cáncer.

También fue muy elogiada su espontaneidad cuando, estando en el banquillo en un choque ante los Hornets ya decidido, se vio en el videomarcador gigante y sonrió de oreja a oreja aplaudiéndose. Los momentos virales no le han abandonado este tiempo en la NBA. Metió una increíble canasta sentado en una silla desde fuera de la pista; durante la pretemporada 2019, la mano gigante de Boban Marjanovic ocupó prácticamente toda su cabeza para responder a un vacile suyo; ante los Grizzlies fue cazado cantando el *Asejeré* de *Las Ketchup* en un tiempo muerto; estuvo cariñoso con un niño que exhibía una pancarta que decía "El doctor me ha dicho que ver a Luka mejora mi epilepsia. Nueve meses sin ataques"...

Seguramente la escena más divertida de todas sucedió el 2 de febrero de 2019. Luka se disponía a lanzar tiros libres en la pista de los Cleveland Cavaliers, donde los Mavericks caminaban hacia una clara victoria (98-111 sería al final). Desde la primera fila de uno de los fondos, un aficionado del equipo rival, con evidente parecido físico con él, empezó a gritarle "¡soy tu gemelo, soy tu gemelo!", ante lo que él no pudo reprimir la carcajada. En realidad, él no tiene hermanos, aunque sí una hermanastra, Tijana, nacida en 2017 de la larga relación de Sasha con otra mujer, Nikolina Dragicevic.

No es de extrañar, sumando tanto carisma y naturalidad a su gran baloncesto, que las grandes marcas se hayan acercado a él para ofrecerle espectaculares contratos muy superiores a los que, por convenio, puede cobrar todavía como jugador de la NBA. En diciembre de 2019 se anunció un importantísimo acuerdo con Jordan Brand, la filial de Nike, para llevar sus zapatillas durante cinco años a cambio de 100 millones de dólares. Poco pudieron competir ante eso Puma y Under Armour. Lo *poco* que se gana en los primeros años en la liga por lo que regula el convenio colectivo quedaba así compensado claramente. "Es un verdadero honor ser parte de la familia Jordan, especialmente en un momento tan emocionante para ellos y para mí. Tengo muchas ganas de trabajar con el equipo y espero dejar mi propia huella en el futuro de la marca. Me encanta el hecho de que siempre ha habido un número selecto de atletas que representan a la marca. Todos los atletas de Jordan son de clase mundial en lo que hacen, y tengo mucho respeto por eso", comentó tras la firma del compromiso. Su carisma también está siendo utilizada por su propio país. En enero de 2020 él mismo anunció un acuerdo por el que pasa a ser la imagen de Eslovenia, que le ha incluido como referencia para que los turistas la descubran: desde el encanto de su ciudad natal, Liubliana, a los parajes naturales en los que se pueden practicar deportes de riesgo. También Renfe, la empresa española de ferrocarriles, confió en él para promocionar la construcción del tren de alta velocidad que acabaría realizando entre Dallas y Houston. "He oído que Texas está cerca de comenzar la construcción de un tren de alta velocidad. He tomado los trenes de Renfe en España y puedo decirles que son geniales. Seguro, rápido, puntual y relajante para los chicos grandes", escribió en Twitter.

Juego demoledor e imagen bondadosa y natural. ¿Quién se va a atrever a pararle?

EXTRA *BONUS TRACK*: 77 OPINIONES MÁS SOBRE EL 77

Tantísima gente ha hablado sobre Luka Doncic en España, Europa y Estados Unidos desde su eclosión que es obligado incluir un capítulo extra recopilando buena parte de esas opiniones, expresadas en ruedas de prensa y entrevistas en distintos medios. Aquí van las 77 visiones sobre el número 77 de Dallas Mavericks en un orden (casi) aleatorio.

1. Luka, el baloncesto es un juego. Sigue jugándolo así (Ivo Daneu, leyenda eslovena).
2. Es un jugador superior, moderno. Tiene algo del prototipo yugoslavo, pero se nota que está formado en España. Un base global. Le queda mucho, pero que disfrute de cada paso porque es un triunfador. Lo duro es quedarse por el camino (Juan Antonio Corbalán, exjugador del Real Madrid).
3. Da gusto verle jugar. Es un fenómeno (Sergio Rodríguez, jugador del Armani Milano).
4. Es algo que nunca había visto. No se le ve techo. Yo lo admiro por el simple hecho de cómo actúa, cómo se comporta, incluso los destellos que tiene en la pista. Son increíbles (Gustavo Ayón, jugador del Zenit San Petersburgo).

5. Suelo contarle a todo el mundo cómo jugaba con nosotros cuando tenía quince años. ¡Es asombroso! (Marcus Slaughter, jugador del AEK Atenas).
6. Es un jugador del siglo XXI en cuanto a tamaño, conocimiento baloncestístico. Ha podido ver mucho y a muy buenos jugadores. Ha podido coger mucho de ellos. Tiene un espíritu competitivo equiparable a los más grandes, como Drazen Petrovic, y un manejo de los tiempos de partido como el de Dejan Bodiroga. También me recuerda a Toni Kukoc. Una mezcla en la batidora saldría de esos tres ingredientes (Antoni Daimiel, periodista).
7. Hace muchas cosas. Anota, rebotea, da asistencias, juega uno contra uno. Lo que más me impresiona es que en la pista demuestra diez años más. Es inteligente. No hace nunca un gesto o algo malo (Dejan Bodiroga, exjugador).
8. Es un gusto ver a gente que juega tan bien al baloncesto. Con dieciocho años hacía cosas que no hacían ni Kukoc ni Petrovic (Juan Carlos Navarro, exjugador).
9. Me fascina su juego tan completo y también cómo domina, a menudo a conciencia, algo tan difícil a su edad. Ojalá nunca deje de mejorar. Me gusta que innove constantemente. Tendrá que seguir haciéndolo (Sarunas Jasikevicius, entrenador del Zalgiris Kaunas).
10. Es un chico que no comete errores. Puede fallar un tiro, pero eso no es un error. Lee perfectamente el juego y el partido. Su altura y su cualidad técnica le ayudan... pero lo más importante es su cabeza (Marc Gasol, jugador de Toronto Raptors).

11. Va a seguir aprendiendo a cuidar su cuerpo, a mejorar, a potenciar sus ventajas. Él tiene cabeza y sabe dónde puede llegar, el cielo es el límite. Es base por visión, como Kresimir Cosic, Dejan Bodiroga o Vlade Divac, sea cual sea su posición más adelante. Siempre será base, el jugador que puede crear jugadas para sí mismo o para otro compañero (Igor Kokoskov, seleccionador de Serbia).
12. Es un fenómeno. Petrovic jugaba de '1' y Toni Kukoc desde el '1' hasta el '4'. Creo que ninguno de ellos, a los dieciocho años, tenían la madurez que tenía Luka Doncic en la pista a esa misma edad (Dusan Ivkovic, entrenador).
13. Tiene todo el poder en Dallas y puede lanzar todo lo que quiera (Toni Kukoc, exjugador).
14. El chico tiene magia (Bostjan Nachbar, exjugador esloveno).
15. Es un jugador total que marcará una época (Pierre Oriola, jugador del Barcelona).
16. Es un jugadorazo y está a un nivel espectacular. Es increíble lo que está consiguiendo (Alberto Abalde, jugador del Valencia Basket).
17. Es un jugador increíble, hace cosas que no piensas que se pueden hacer (Nemanja Nedovic, jugador del Armani Milano).
18. Es impresionante. Hay momentos en que no te crees cómo está jugando, que pueda hacer eso con su edad (Sergio Scariolo, seleccionador de España).
19. Es una maravilla para todo el mundo del baloncesto. Tiene una seriedad y madurez increíbles. Su manera

de jugar es muy seria. Con él da igual si tiene diecisiete años o veintisiete, atrae ver esa calidad (Sasha Djordjevic, entrenador de la Virtus de Bolonia).

20. Yo no he visto nada igual en mi vida. Algo así aparece uno cada veinte años (Alberto Herreros, director técnico del Real Madrid).
21. Juega en cualquier posición, lo veo *rehumilde*, es muy serio jugando en la cancha. Cuando ves maravillas, te levantas y aplaudes. Este chico es un regalo de la naturaleza baloncestística (Néstor *Ché* García, exentrenador del Fuenlabrada).
22. Todos creemos que es un gran talento, pero sabe que si no entrena duro nunca será lo que tiene que ser (Zeljko Obradovic, entrenador del Fenerbahce).
23. Luka es mucho más que lo que dicen las estadísticas (Giannis Antetokounmpo, jugador de Milwaukee Bucks).
24. Es un jugador muy inteligente, probablemente su padre le transmitió algunos trucos. Es un gran talento que no tiene límite (Beno Udrih).
25. Es casi como Magic Johnson o LeBron James, con la misma visión de juego, pero más grande (Gary Payton, exjugador).
26. No es ninguna sorpresa. Es increíble y me encanta que salga a jugar y lo haga tan bien (Domantas Sabonis, jugador de Indiana Pacers).
27. Yo me lo esperaba. Antes de que viniese, me preguntaban por él, por cómo lo iba a hacer, y yo les decía que iba a ser un jugador dominador y no me creían. Ahora sí que me creen. Es muy bueno para los europeos ver que

un jugador puede venir a la liga y dominar así (Tomas Satoransky, jugador de Chicago Bulls).

28. Odio decir esto. No es Magic Johnson, pero tiene la visión en la pista que tenía Magic. Es muy intuitivo. Eso no se puede enseñar. Lo tiene y es genial. No le presiono con Magic, aún no está preparado para eso. Está haciendo un gran trabajo (Gregg Popovich, entrenador de San Antonio Spurs).
29. Es algo más que un maravilloso jugador de baloncesto, es diferente. Tiene la capacidad de ver la cancha y siempre estar un paso por delante. Me recuerda un poco a Larry Bird en ese sentido, pero con ese conjunto de habilidades de James Harden de *crossovers* y *stepbacks* (Steve Kerr, entrenador de Golden State Warriors).
30. Lo que ha hecho con dieciocho y diecinueve años en Europa... es realmente difícil de creer que un tipo pueda hacerlo a esa edad. Y ahora, el equilibrio en su juego, la forma en la que puede anotar, en la que distribuye el balón... Estoy realmente impresionado (Mike Budenholzer, entrenador de Milwaukee Bucks).
31. Todo el mundo quiere a un chico de veinte años que juegue como él. Y me parece que solo hemos visto la superficie. Es un genio (Jerry West, exjugador).
32. Es un gran jugador que más bien parece que tiene treinta años y no diecinueve. No estoy sorprendido. Ya le conocíamos en Europa" (Bojan Bogdanovic, jugador de Utah Jazz).
33. Espero que se acuerde de que fui su chófer. En cuanto le ves te das cuenta de que es especial. Y es muy traba-

jador: se pasaba el día en el gimnasio. Es un chico muy maduro, que no se lo cree (Ioannis Bourussis, exjugador del Real Madrid).

34. Viendo la trayectoria, récords y talento que tiene en muy poco tiempo, es espectacular. De la misma manera que es inteligente jugando, lo es fuera de la cancha, tiene las cosas muy claras (Amaya Valdemoro, exjugadora).
35. Sus números no los hace cualquiera. Tiene la ventaja de que jugó en el baloncesto europeo, hace cosas buenas como doblar el balón (Juan Domingo de la Cruz, exjugador).
36. Creo que en muchos años no ha habido en Europa un jugador tan completo, física y mentalmente. Está un paso por encima de cualquiera en su posición (Aleksandar Petrovic, entrenador).
37. No puedo decir las suficientes cosas buenas de él. Es un mago del baloncesto (Kevin Love, jugador de Cleveland Cavaliers).
38. La forma en la que está jugando en la NBA hace que nuestra derrota en la final de la Euroliga sea un poco menos dolorosa (Nikola Kalinic, jugador del Fenerbahce).
39. Lo que se puede decir es que mola verle jugar (Draymond Green, jugador de Golden State Warriors).
40. Los Mavs tienen un jugador para liderar una franquicia (Kevin Durant, jugador de Brooklyn Nets).
41. Es un jugador único. Puede hacer muchas cosas en una pista de baloncesto y tiene un arsenal tan completo que es muy bueno y versátil. Es el mejor jugador de veinte años que ha habido nunca (Steve Nash, exjugador).

42. Quizás por su tamaño podría pensarse que es lento, pero no lo es. Está bien. No es súper rápido, pero tiene un primer paso realmente difícil de defender. Utiliza muy bien su cuerpo (Goran Dragic, jugador de Miami Heat).
43. Tiene buena velocidad, anota, pasa y coge rebotes. Esto demuestra que él lleva siendo un jugador profesional desde hace tiempo. Es apenas su segunda temporada en la NBA, pero no como jugador. Es bastante obvio (Damian Lillard, jugador de Portland Trail Blazers).
44. Tiene mucho talento, impone su ritmo todas las noches, va a ser una estrella (Stephen Curry, jugador de Golden State Warriors).
45. Es fenomenal. Su tamaño, su visión de la cancha, su capacidad para anotar. Hace de todo. Jugó en un sistema realmente bueno en Europa. Ahora está en un sistema igual de bueno aquí (Nikola Jokic, jugador de Denver Nuggets).
46. Lo veo siempre que yo no tengo partido. Es algo obligado (Chris Paul, jugador de Oklahoma City Thunder).
47. No tuvo ningún problema en adaptarse a la NBA. Para un novato, se tarda un mes o dos en estar cómodo, pero él lo estuvo desde el día 1. El cielo es el límite para él. Irá tan lejos como quiera. Ya es tan bueno, tan maduro... (Nikola Vucevic, jugador de Orlando Magic).
48. Tira muy bien, y desde muy lejos. Y pasa bien. Va a ser un gran jugador (Anthony Davis, jugador de Los Angeles Lakers).
49. Vaya tiros de Doncic. ¿Qué les dan en Madrid? (Manu Ginóbili, exjugador de San Antonio Spurs).

50. Domina en defensa, es capaz de aguantar el uno contra uno a jugadores de varias posiciones. Corre bloqueos, defiende al poste bajo, va muy bien al rebote tanto defensivo como ofensivo... En ataque tiene recursos que Petrovic no tenía: juega al poste bajo dominando la posición (Pep Cargol, director deportivo del Casademont Zaragoza).
51. Va a ser el mejor europeo de todos los tiempos (Ricky Rubio, jugador de Phoenix Suns).
52. Larry Bird y Magic Johnson fueron *rookies* del nivel de Doncic (Doc Rivers, entrenador de Los Angeles Clippers).
53. Con Curry lesionado, ahora mismo es el mejor base de la liga (Tracy McGrady, exjugador).
54. Fue el mayor *robo* del *draft* (David Blatt, entrenador).
55. Incluso cuando se convirtió en el punto focal de los informes de los rivales equipos, fue capaz de mantener unos grandes números y continuó ese crecimiento (Frank Vogel, entrenador de Los Angeles Lakers).
56. Es simplemente un muy buen jugador. ¿Cómo describiría eso? Es versátil, oportuno, grande (Monty Williams, entrenador de Phoenix Suns).
57. Sería diferente si no hubiera estado jugando contra adultos desde que tenía quince años. Nada es nuevo para él. Acepta el desafío de enfrentarse a los grandes (Alvin Gentry, entrenador de New Orleans Pelicans).
58. No necesita la velocidad y la fuerza física que exige la NBA, porque las tiene en la cabeza. A fin de cuentas, al baloncesto se juega con la cabeza, ¿no? Juega como si

tuviera 35 años, es increíble (Mario Hezonja, jugador de Portland Trail Blazers).

59. Creo que lo que lo hace tan impresionante es que lo está haciendo, pero no sabe lo que está haciendo. Todavía es un bebé. Tiene tanto que va a crecer. Realmente lo va a resolver y ya lo está haciendo increíble ahora. Va a dar miedo cuando se dé cuenta por completo y comience a alcanzar su mejor momento (Paul George, jugador de Los Angeles Clippers).
60. Lo de Doncic no se ha visto nunca antes. Lo que ha hecho a su edad en Europa no lo había hecho nadie y llegar hasta la NBA solo era cuestión de tiempo (José Manuel Calderón, exjugador).
61. Siempre lo hace todo bien, da igual dónde juegue. ¿Que le comparan con Bird? Creo que es totalmente diferente. Nadie sabe lo que tiene, pero tiene algo especial (Joe Arlauckas, exjugador).
62. Siendo un niño dominó Europa y eso no es fácil (Mike D'Antoni, entrenador de Houston Rockets).
63. Su límite es el cielo y podrá llegar donde él quiera. Está en una franquicia perfecta para su progresión, con minutos y el cariño de la gente (Nikola Mirotic, jugador del Barcelona).
64. Es el mejor jugador joven que he visto haciendo el *pick and roll* (Brad Stevens, entrenador de Boston Celtics).
65. Me gusta ver lo bien que lo está haciendo, veo muchos partidos de Dallas. Además, es de mi mismo agente [Quique Villalobos] (Jaime Fernández, jugador de Unicaja).

66. Puede mejorar más todavía y estar en lo alto durante las dos próximas décadas (Kyle Lowry, jugador de Toronto Raptors).
67. Toma grandes decisiones el 90% de las veces que tiene el balón. Encuentra al compañero correcto, hace la jugada correcta, tiene la habilidad de abrir la cancha con su tiro externo desde el drible y es un gran jugador en el momento decisivo. Se siente más cómodo en el final del partido que en el inicio (James Borrego, entrenador de Charlotte Hornets).
68. Si le hubiese entrenado, habría disfrutado de su inteligencia, su manera de jugar y estar en la cancha y sus ganas de ser el mejor (Lolo Sainz, exentrenador).
69. Este chico ya está dominando y todavía no ha empezado a jugar en modo egoísta. Cuando haga eso va a ser un animal diferente. Está poniéndose en el sitio adecuado para entrar en la grandeza (Scottie Pippen, exjugador).
70. Espero que los seguidores de los Mavericks agradezcan lo que tienen delante (Carmelo Anthony, jugador de Portland Trail Blazers).
71. Es un jugador fantástico, un tipo increíble con números de MVP. Él sabe cómo liderar a su equipo. Lo está haciendo todo. Sé de lo que es capaz porque es uno de mis mejores amigos (Juancho Hernangómez, jugador de Minnesota Timberwolves).
72. Tiene unas formas a la hora de pasar que me recuerda al estilo de Pete Maravich, ese tipo de jugador por el que pagarías por verle jugar porque es divertido de ver (Mike Malone, entrenador de Denver Nuggets).

73. Estoy impresionado por la forma en la que distribuye la pelota hacia sus compañeros. Se parece a LeBron James desde el punto de vista de cómo es capaz de hacer el pase hacia los tiradores en las esquinas cuando está bajo presión (Dwayne Wade, exjugador).
74. Es muy joven y lo más aterrador es que aún le quedan por delante quince años de carrera. Imagino, con veintiocho o veintinueve años en el mejor momento de su carrera, que se convertirá en uno de los más grandes (Shaquille O'Neal, exjugador).
75. Va a marcar una época en el baloncesto (Pau Gasol, jugador).
76. Luka es un jugador fenomenal siendo tan joven. Demuestra habilidades que a otros muchos les lleva años aprender. Será increíble ver cómo continúa su progresión en la NBA (Michael Jordan, simplemente Michael Jordan).
77. Intenté avisaros. Es un auténtico hijo de puta (LeBron James, jugador de Los Angeles Lakers).